JN411258

하나님 나라의 미래를 여는 신앙칼럼

응답하라, 한국교회

이광섭 지음

신앙과지성사

믿음의 길, 소통의 길

그동안 발표했던 글을 모아 칼럼집을 내게 되었습니다. 그저 감사할 뿐입니다. 책을 기획하신 최병천 장로님이 제목을 『응답하라, 한국교회』로 제안했습니다. 제목이 과한 듯해서 손사래를 쳤습니다. 하지만 다시 한번 원고를 읽어보니 각각의 소재를 가지고 쓴 글들인데도 글의 바탕에 교회가 자리하고 있는 게 보였습니다. 교회는 내 삶의 물리적인 토대이면서 나의 의식을 규정하는 존재의 근원임을 새삼 깨닫습니다. 신학교에 입학한 지 42년이 흘렀고, 목회를 시작한 지도 35년이 되었습니다. 참으로 긴 세월 동안 교회의 사람으로 살아온 것이지요. 목회자로 어렴풋이 철이 들면서 성서가 말하는 교회는 "하나님의 새로운 사회"(존 스토트)임을 알게 된 이후, 자연스레 목회는 하나님의 교회를 온전히 세우는 일이라고 고백해 왔습니다. "교인들을 현실에 안주하지 않도록 일깨워 하나님 나라를 향하여 나아가도록 돕는 사역"(윌리엄 윌리몬)이라고 말입니다. 이 믿음으로 나름 씨름을 해 온 흔적이 이 칼럼집에 실린 글들입니다.

이 책에 실린 글들은 짤막하지만, 크게 두 가지를 말하고 있습니다. 첫 번째는 교회가 어떻게 세상과 소통할 것인가입니다. 이 책의 편집을 마칠 무렵 두 사람의 목회 이야기를 만났습니다. 한 사람은 강원도 홍천의 작은 농촌교회에서 20여 년을 목회하고 있는 농부 목사인데 그의 삶과 신앙을 조명하는 TV 프로그램을 보았습니다. 방송 프로그램은 그가 농사를 지으면서 작은 것에도 기뻐하는 모습, 자연과 교감하면서 얻는 풍성한 은총, 몇 안 되는 교인들과 씨앗을 뿌리고 열매를 기다리는 그의 살림 목회를 과장 없이 담담하게 소개했습니다. 그런데 그의 목회를 통해 농촌 마을에 생명의 기운이 일어나고, 도시교회에 녹색신앙의 바람이 불어와 함께 손을 잡는 일들이 생겨났습니다. 그는 농촌목회가 하나님께 부여받은 자신의 소명이며 인생이라고 고백하더군요.

또 한 사람은 분당의 한 대형교회의 담임목사인데, 그는 틈틈이 택시 운전을 한다고 했습니다. 자신의 오랜 버킷리스트가 택시 운전이었다고 했습니다. 초대형교회 담임목사가 택시 운전을 한다는 게 생뚱맞고 의아했지만, 한편으론 신선했습니다. 그의 설교를 듣는 교인들의 반응이 폭발적이었습니다. 교인들은 담임목사의 모습에서 자기들과 또 세상과 더불어 소통하려는 열정을 발견하고 우리 목사님은 역시 달라! 하고 외치는 것 같았지요.

두 목회자의 이야기, 겉으로는 아주 달라 보입니다. 그런데 문득 그 이야기 속에 교회의 길을 찾으려는 두 사람의 공통점이 있다는 생각이 들었습니다. 그것은 소통입니다. 소통을 말하려면 '지역'을 말해야 합니다. 한국교회에는 '지역'이 없습니다. '지역과 마을'이 사라졌습니다. 큰 교회, 작은 교회, 도시교회, 농촌교회 할 것 없이 거의 모든 교회가 교회 성장을 말하면서도 정작 교회가 자리하고 있는 마을과 지역을 놓쳐버리고 있습니다. 교회가 자기 마을과 지역을 모를 뿐 아니라 아예 알려고도 하지 않습니다. 자기 마을을 잃어버린 교회는 스스로 게토(ghetto)화 되고 있습니다. 마을을 새롭게 발견하고 지역과 소통을 할 때 교회에 희망이 있습니다. 소통 없이는 하나님 나라의 생명을 전할 수 없습니다. 이 책에 실린 글들은 한국교회가 어떻게 소통의 해결책을 찾아 나설지를 작게나마 외치고 있습니다.

두 번째, 이 책에 실린 글들은 교회에 생명의 운동이 살아있는지를 묻고 있습니다. 저는 35년간 목회를 하면서 교회에 익숙해졌습니다. 그런데 그 익숙함은 조직된 교회에 관한 것임을 깨닫습니다. 교회는 하나님이 시작하셨습니다. 하나님은 교회 안에 하나님 나라의 생명을 담아놓으셨습니다. 기나긴 역사를 거치면서 조직된 교회는 하나님 나라의 생명이 약동하는 운동성보다는 교회 조직을 우선하려는 관성을 키워왔습니다. 생명의 특징은 운동입니다. 교회는 하나님 나라 운동이어야 합니다. 교회는 복음으로 하나님 나라를 밝히 보여주는 운동체입니다. 혹시 운동성을 상실했음에도 이를 당연하게 여기는 관성이 교회 안에 가득한 것은 아닌지를 묻습니다.

다행히도 현실을 돌아보면 복음을 전하는 하나님 나라의 생명 운동은 교회 안에서, 또 교회 밖에서 다양한 형태로 이어지고 있습니다. 교회 안의 운동은 더 힘있게 확장해 나가야 할 것이고, 교회

밖의 운동에 대해서는 접목할 구체적 방안을 찾아야 할 것입니다. 생명 복음 운동은 아무리 작고 하찮게 보여도 교회와 만나게 되면 조직된 교회를 진정한 생명의 교회로 살려냅니다. 지나온 목회를 돌아보면 성령께서 하나님 나라 생명 운동을 이어가도록 늘 인도해 주셨음을 깨닫습니다. 주님의 큰 은총이었습니다. 이 책에 실린 글들은 생명 복음 운동을 이어가는 교회인지를 거듭해서 묻고 있습니다.

부족한 저의 글들을 묶어 출판한다니 감사할 뿐입니다. 그것도 한국교회의 출판문화를 이끄는 자랑스러운 '신앙과지성사'에서 출판하게 된 것은 참으로 기쁜일입니다. 최병천 장로님과 직원들 덕분입니다. 또한 원고를 붙잡고 다듬는 수고를 아끼지 않은 정리연 님께도 감사를 드립니다. 무엇보다도 부족한 칼럼집 출판에 큰 격려의 말씀으로 용기를 주신 정희수 감독님께 깊이 감사드립니다. 또한 내 일처럼 축하하며 추천해 주신 여러분들에게 큰 사랑의 빚을 졌습니다. 감사를 드립니다. 칼럼집 출판을 함께 기뻐해 줄 은총의 숲 전농교회 가족들과 장로님들께도 감사의 인사를 드립니다. 사랑하는 아내와 가족들에게도 고마움을 전합니다. 모든 것이 하나님의 은총입니다.

2023년 6월

전농교회 목양실에서

이광섭

한국교회의 응답을 고대하면서

정희수 감독(미연합감리교회 위스콘신연회)

"그 사막을 에덴 같게, 그 광야를 여호와의 동산 같게 하였나니" (사 51:3)

하나님의 뜻을 따라서, 오늘의 세계를 우리가 성서적인 희망과 꿈으로 완성해 가야합니다. 우리가 살고 있는 세계가 온전하지 못하고, 왜곡된 차별과 폭력의 현실 앞에서 예수처럼 사랑하지 못하는 현실은 그리스도인들의 선연한 시대적 아픔입니다.

늘 예수의 복음으로 지구촌 주변에서 상처를 받고 아파하는 사람들에게, 더 가까이 다가가 친구가 되고 싶어하는 사람들이 예수의 사람들입니다. 다른 이의 아픔을 바라보고 기도하고, 그 상처들의 틈에서 역설적으로 생명의 기적을 보는 예수의 사람들의 믿음은 거대한 힘입니다.

그들은 사랑과 자비의 가슴으로 하나님의 모습을 뵙고, 그분과 동행하면서 순간 순간 하나님 나라를 위해서 변화를 가져오려고 씨름합니다. 하나님의 뜻이 하늘에서 이루어진 것처럼 이 땅에서도 이루어지기를 서원합니다.

이 책 『응답하라, 한국교회』 저자 이광섭 목사는 늘 주변을 살피고, 소자들을 눈여겨 보면서 그들 삶의 회복을 위해서 헌신하는 가슴이 꽉찬 리더입니다. 겸허하게 예언자적인 섬김으로 착한 목회를 하면서 마음껏 사랑하고 사는 모습을 대하면서, 저는 여러차례 그와 함께 교회의 미래를 꿈꿀 수 있었습니다.

서울 한복판에서 세계를 껴안고 '세상을 살리는 은총의 숲'을 이루고자 헌신하는 모습이 강한 인상을 주었습니다. 리더십의 교차점들을 여러차례 다양한 사역의 자리에서 마주하면서 우리는 많은 대화를 나누었습니다.

그의 리더십은 자기 절제의 덕이 강하고, 변화를 적극적으로 이루어 가려는 열정적인 헌신 그 자체였습니다.

주님의 능력으로 아름다운 숲을 일구어 가는 교회와 지역, 그리고 세계 속에서, 늘 뜻을 함께 하는 이들과 더불어 변화의 봇물을 만들어 가는 리더십의 역량이 인상적이었고, 세계교회의 강한 파트너가 될 수 있게 하였습니다.

이사야 기자의 언어, "그 사막을 에덴 같게, 그 광야를 여호와의 동산 같게 하였나니"(사 51:3), 그 역동적인 변화의 소명을 다하는 저자의 삶과 목양의 리더십을 통해, 장차 공교회로서의 한국교회가 생명의 역사를 담대히 이루어 가기를 소망하게 됩니다.

세우는 리더십을 시대는 기다립니다. 무너진 성터를 세운 예레미야처럼, 그리스도 예수의 사랑으로 공교회의 일그러진 모습을 바로 세우고, 모든 사람들이 하나님의 자녀로 공의와 평화의 천국을 경험하도록 세우는 리더십입니다, 교회가 인류의 소망이요, 구원이라는 존경과 신뢰를 회복하고, 세상 위에 공적인 이미지를 바르게 세우는 리더십을 보고 싶어합니다.

온 교회가 복음실천으로 연대하고, 하나가 되는 리더십입니다. 한국교회가 세계교회의 일원인 것은 성스러운 정체성이고, 열방에 흩어져 있는 세계 그리스도인들이 가지는 한국교회에 대한 강한 기대입니다. 그렇기 때문에 순수와 거룩을 표방하는 대중적인 분리주의와 고립적인 탈에큐메니즘은 마땅히 재고되어야 합니다.

『응답하라, 한국교회』 속에서 저자는 예수 복음의 능력을 만방에 드러내는 교회가 되도록 더 큰 연대와 일치로 부릅니다. 비록 작은 변화일지라도 개혁의 마중물이 되어 한국교회로 온 인류의 소망이 모아지는 가능성을 우리들에게 보여줍니다.

인간 이기주의의 병폐가 자초한 지구촌의 환경 현실, 온난화와 자연 재해의 다양한 도전 속에서, 그리스도인들에게 스스로의 결단으로 녹색혁명, 녹색 문화를 이루어 가는 행동의 변화를 상기시켜주며, 하나님의 창조세계를 보전하고 우리 교회와 생태적 마을이 유기체적으로 생명 환경 교회 문화를 자기 정체성으로 삼도록 부르고 있습니다.

한반도의 분단과 갈등의 현실에서 하나님 나라의 소망으로 평화를 구하고, 장차 우리에게 이루어질 한반도 평화의 성취 속에서 하나님 나라를 바라보는 큰 믿음이 커다란 줄기로 저자의 신학과 영성임을 그려내고 있습니다.

개혁을 바라보면서 농촌목회 운동에 동참했고, 역사적인 고난을 각인하면서 '고난모임'에 참여했고, 이제껏 평화와 에큐메니칼 신앙 운동에 헌신한 그의 리더십 여정이 선명한 사진처럼 잔잔하게 자기 신앙고백으로 담겨 있습니다. 감리교 창시자 존 웨슬리의 후예로, 세계 교구의 꿈을 이 시대에 합리적으로 실천하여 한국 감리교회를 권위있는 교회로 더욱 부흥시켜 가고자 하는 기도의 마음이 여러 선교의 주제를 대하면서 일괄하여 갑니다.

아마 잃어버린 자, 가난한 자, 소외된 자, 작은 자들을 향한 무한 사랑이 예수의 사랑이기에 그것을 제자로 닮아가고, 공적인 담론과 초청으로 전하고자 한 몸부림이 저자의 신학으로 보입니다.

지금 한국교회는 세계교회 현실과 함께 복합적이고 다양한 문제와 도전들 앞에서 다시 본래 복음의 구원 사건을 재구성해 가야 하는 때를 살고 있습니다. 믿음이 이긴다는 강한 간증이 다시 만방에 들려져야 하는 때입니다.

희망을 상실한 사람들이 수없이 많습니다. 삶의 의미가 무엇인지 가늠할 수 없는 회의의 깊은 늪을 지나고 있는 이들이 참으로 많습니다. 전통적인 신학이 답할 수 없는 불가사의한 지구촌의 변화를 우리 교회가 직면하고 있습니다. 코로나 팬데믹으로 세계는 초유의 희생자를 마주하였습니다. 엄습하여 오는 두려움은 아무도 예상할 수 없는 혼란과 난제를 던져주고 있습니다. 인공지능과 복합적인 인간 이해는 교회와 신앙의 견지에서 어떻게 수용하고 함께 걸어가야 하는지 질문에 질문을 던져 주고 있습니다.

교회가 성장 주도의 시대, 문화 주역의 무대를 뒤에 두고, 새로운 가능성과 실천을 진지하게 물어야 하는 때를 우리는 삽니다.

바로 이런 예민한 결단의 때에 저자와 함께 진리를 향한 바른 논의를 할 수 있게 되어 기쁩니다. 천천히 가더라도 뒷걸음질 치지 않고 예수 그리스도에 대한 믿음 하나로 동행하는 길을 기도로 응원합니다.

이제 이광섭 목사가 주도하는 환경선교와 세상을 살리는 은총의 숲, 함께 연대하는 교회일치운동, 그리고 평화의 정의로운 실천이 하나님 나라의 광대한 장을 더 크게 열어갈 것입니다.

목양의 리더십이 앞으로 지구촌 마을 환경선교사로, 진리를 추구하는 씨름꾼으로, 정의를 위한 부름 받은 사도로 더 큰 영향력을 사역의 꽃으로 이루어 가기를 바라면서 한국교회의 응답을 기대해봅니다.

차례

제2부
교회, 문화와 미래

제3부
교회, 삶과 환경

부록

제1부

교회, 목회와 영성

결국, 기도하는 그리스도인의 삶은
진실된 생활신앙으로 발전해 나갑니다.
하나님과의 관계로부터 시작하여
공동체를 거쳐 세상 속으로 들어가 실천하는,
기도와 삶이 일치된 능력 있는 믿음으로
그 모습을 드러내는 것입니다.

I.

권사님의 국수 한 그릇

교회에서 때아닌 국수 논쟁이 벌어졌습니다. 엄밀히 말하면 국수 기계 논쟁이지요. 기나긴 코로나 팬데믹 상황이 잦아들면서 주일 오후 예배를 시작하였습니다. 하지만 문제는 주일 공동식사였습니다. 식사 문제를 해결하기 위해 방안을 찾아봤지만 뾰족한 수가 없었습니다. 가장 좋은 방안은 예전처럼 선교회를 중심으로 자원봉사자가 나서서 식사를 준비하는 것이었습니다. 하지만 아무도 선뜻 나서지를 않으려 했고, 이런 분위기는 쉽게 바뀔 것 같지 않았지요. 할 수 없이 간편식으로 김밥을 준비해서 두어 주일 먹어보았지만, 예산은 예산대로 들어가고 만족도는 현저하게 떨어졌습니다.

그러던 중에 우연히 국수 기계 이야기를 들었습니다. 제천에서 목회하는 한 목사님이 코로나 이전부터 이 기계를 사서 아주 잘 사용하고 있다고 했습니다. 수십에서 수백 명분의 소면을 한꺼번에 삶아서 말아낼 수 있도록 제작된 잔치국수용 기계. 단체 급식이나, 교회에서 주일 공동식사에 사용하도록 특화된 국수 기계라고 했습니다. 이렇게 유용한 기계가 있었다니! 너무나 반갑고 솔깃했습니다. 더구나 제천 교회에서는 매주 국수를 먹다가 일 년에 몇 차례, 이를테면 절기나 특별 기념 주일 등에는 밥상을 푸짐하게 차려서 공동식사를 한다고 했습니다. 그날은 마치 잔칫날과 같아서 교인들의 기쁨도 크다고 했습니다. 이야기를 들으니 국수 기계만 사들이면 공동식사 문제는 다 해결될 것 같았습니다.

토요일, 교회에 들른 장로님들과 점심을 먹으면서 국수 기계 이야기를 나눠보았습니다. 다들 좋다고 했습니다. 간편하게 공동식사를 준비하고, 식사 후에 설거지며 처리해야 하는 잔일도 대폭 줄어드는 것 아니냐며 아주 좋은 방안이라고 했습니다. 자신 있게 여선교회 회장님과 몇 명의 임원들에게 국수 기계 이야기를 전하였습니다. 그런데 반응이 사뭇 달랐습니다. 우선 국수 기계에 대해 긴가민가했습니다. 흔히 간편한 음식이라고 생각하는 국수가 사실은 매우 손이 많이 가는 만들기 힘든 음식이라고 했습니다. 여성들은 국수를 삶아내는 전 과정을 소상하게 떠올리며 물었습니다. 끓는 물에 소면을 넣기만 하면 한 과정에서 다음 과정으로 넘어가는 그 힘든 품을 기계가 다 처리해 주는지, 그리고 마지막으로 국수를 꺼내서 국물만 부으면 먹을 수 있는지를 궁금해했습니다.

국수 기계를 직접 보지 못한 데다가, 국수를 만드는 과정을 분명하게 알지 못하니 제대로 설명이 되지 않았습니다. 그래서 국수 기계를 직접 보러 가자고 했지요. 보고 나서 국수 기계를 사들일지,

말지 결정하는 게 좋겠다고 말이지요. 하지만 국수 기계를 당장 사자는 기운이 꺾이니까 부수적인 문제들이 슬금슬금 올라왔습니다. 국수를 좋아하지 않는 사람이 많으니까 그들을 위해서 따로 밥을 지어야 한다는 이야기까지 나왔습니다. 당연히 나올법한 이야기들이었지만 마음이 개운하지 않았습니다.

왜 그랬을까, 곰곰 생각해 보니 임원들은 말로 표현하지는 못하였지만, 속에서는 계속 근원적으로 문제를 제기하고 있던 것이었지요. '코로나 이후에도 지금과 같이 예배와 모임을 지속하는 건가요? 예전처럼 교인들의 헌신을 요청하는 것이 가능할까요?' 그날 여선교회 임원들은 자신들이 답답하게 여기는 이 문제를 목사인 저와 이야기하고, 나름 분명한 답을 찾고 싶어 했다는 것을 뒤늦게야 깨달은 것입니다.

이래저래 답답한 며칠을 보내고 있는데 여선교회 회장님께 전화가 왔습니다. "권사님들 몇 분이 자기들 여선교회 지회에서 공동식사를 준비하기로 마음을 모았대요. 6월부터 올해 말까지 권사님들이 매 주일 국수를 하신대요. 빨리 김치 좀 담갔으면 하시네요. 그리고 목사님이 상황을 보면서 서둘지 마시고, 천천히, 제일 좋은 코로나 이후의 방안을 찾아내셨으면 좋겠다고 하세요." 아, 이보다 더 고마운 소식이 있을까요? 국수 기계를 사느니 마느니 겉으로 드러난 질문 앞에 마음 불편함을 느낀 목사보다 권사님들의 마음 씀씀이가 훨씬 깊구나 싶은 뜻밖의 소식이었습니다.

덕분에 교회 공동체와 목사에게 7개월간의 엄청난 말미가 생겼습니다. 이는 전적으로 땀 흘리는 수고를 기꺼이 감당하려는 권사님들 덕택입니다. 눈을 감아 보니 권사님들이 어떤 마음으로, 어떤 대화를 주고받으면서 이런 결심을 하였는지 훤히 보이는 듯합니다. 권사님들이 매 주일 말아주는 국수 한 그릇이 얼마나 맛있을까요? 그날이 기다려집니다. 국수 한 그릇에 담길 권사님들의 사랑이 우리 교회 공동체의 든든한 생명의 자산으로 깊이 뿌리내리기를 기도합니다.

2.

통수식 通水式

이천에서 목회를 할 때 일주일간 중국 여행을 다녀온 적이 있습니다. 같은 지방 목회자들과 처음으로 나간 해외여행인 데다가 초등학교 3학년이던 큰아들과 동행을 했으니 나름 뜻깊은 여행이었지요. 짧은 기간 참 여러 곳을 방문했습니다. 여행은 북간도 명동촌을 들렀다가 백두산을 등정하고, 길림성 농촌의 한족 마을에 자리한 가정교회까지 방문해서 하룻밤을 한족 가정에서 보냈습니다. 그리고 베이징에 들러 만리장성과 베이징 시내 관광을 하는 것으로 마무리를 하였지요. 중국에 대한 첫인상이 꽤 강렬하게 남아서 지금까지도 그때의 기억이 떠오르곤 합니다. 토요일, 잘 짜인 일정과 풍성한 경험 덕분에 뿌듯한 마음을 안고 교회로 돌아올 수 있었습니다.

그런데 교회 분위기가 이상했습니다. 어딘가 모르게 서먹하고, 밖으로 표현하지 못하는 불만들이 가득했습니다. 그러고 보니 담임목사가 없는 일주일 동안 교회에 큰일이 하나 일어났습니다.

우물을 판 것입니다. 교회는 야트막한 작은 동산 위에 자리하였는데, 교회에서 사용하는 우물이 날이 가물면 부족하곤 했습니다. 물론 평소에는 별문제가 없었고요. 그 주간에 마침 동네에 우물을 파는 큰 장비가 들어왔던 모양입니다. 몇몇 집에서 우물을 판 후에 장비 사용에 여유가 생겼습니다. 그걸 보고 교인들 몇 명이 우물 파는 장비가 동네에 들어온 김에 교회 우물을 새로 파자며 재빠르게 일을 추진했던 것입니다. 덕분에 아주 저렴한 비용으로 단숨에 새 우물을 판 것입니다. 물도 아주 펑펑 잘 나왔지요.

문제는 우물의 위치였습니다. 교회터를 보면 맨 위에 주택이 자리 잡았고, 예배당이 중간에, 그리고 예배당 옆으로 교회 마당이 아주 완만한 경사를 이루고 있었지요. 기존의 우물은 주택 바로 밑에 있었습니다. 높이로 치면 교회 마당 꼭대기 쪽에 자리했고요, 새로 판 우물은 마당 맨 아래쪽 예배당 출입문과 가까운 곳에 자리했습니다. 가장 낮은 곳이었기 때문에 물이 잘 나올 수밖에 없는 위치였습니다. 교인들은 새 우물을 보고 누가 들을세라 조심스레 이야기합니다. "이 물은 건수乾水야, 물이 깨끗하지 못하다니까." 교인들은 갑작스레 우물을 판 일이 영 마뜩잖았습니다. 그도 그럴 것이 담임목사도 부재중인 데다가, 자기들도 전혀 모르게 일이 진행되어 며칠 사이에 교회에 우물이 생겨버렸으니까요. 게다가 샘의 위치는 건수乾水가 나오는 곳, 예전엔 우물터에서 제외되었던 곳이었으니 불평스러운 마음이 가득했던 것입니다.

주일을 맞으면서 고민이 되었습니다. 우물 때문에 마음이 상한 교인들의 모습이 눈에 선했습니다. 그대로 두면 두고두고 불평과 원망이 쌓일 게 뻔했습니다. 무엇보다 내 마음에도 속상함이 가득했습니다. 비용을 적게 들여서 우물을 파려고 했던 그 마음이 충분히 이해되었지만, 한편에선 추진하는 과정의 미숙했던 모습이며, 건수乾水를 파버린 결과를 생각하면 자꾸 화가 올라왔습니다. '이 상황을 어떻게 하지?' 하는 마음으로 뒤척였습니다. 이왕 파놓은 우물을 다시 메울 수도 없고, 문제점을 들춰낸다고 속상함이 해결되는 것도 아니었습니다. 답은 하나였습니다. 받아들이는 것입니다. 그렇게 방향을 정하자 한결 마음이 가벼워졌습니다. 그러다가 문득 '통수식!' 생각이 났습니다. 우물 판 것을 온 교인이 다 함께 감사하고 축하하는 자리를 만들기로 마음먹었습니다.

주일을 맞으면서 부지런히 리본과 장갑도 준비하고, 주방에서 전 교인이 사용할 컵을 꺼내어 탁자 위에 세팅했습니다. 주일예배 후에 온 교인이 우물 앞에 모였습니다. 개회를 선언하고 예식 후에 우물 통수식을 거행했습니다. 리본을 끊고 모든 교우가 손에 손에 컵을 들었습니다. 모터를 작동해서 물을 힘차게 끌어 올려 컵에다가 물을 받았습니다. 그리고는 "내가 주는 물을 마시는 자는 영원히 목마르지 아니하리니 그 속에서 영생하도록 솟아나는 샘물이 되리라"(요 4:14)하고 외친 후에 "아멘!" 하며 물을 다 함께 마셨지요. 통수식 이후 교회에서는 우물에 대한 뒷말이 다시 나오지 않았습니다.

현재 목회하고 있는 우리 교회에서 일어난 일입니다. 어느 날 외출하였다가 돌아와 보니 남선교회 회원들이 화단 나무들을 가지치기해 놓았습니다. 화단에는 잘생긴 반송 두 그루와 아직 한참 자라야 하는 어린 반송 두 그루, 그리고 단풍나무며 각종 활엽수와 관상수들이 어울려 자리하고 있었습니다. 예배당을 지을 당시, 화단을 조성할 때와는 다르게 나무들이 제법 자라서 자리가 좁아졌지요. 나무들이 옹색하다고 가지치기를 한 것입니다. 그런데 아뿔싸! 가지치기하면서 멋지고 품위 있는 반송들을 잘록하게 몽땅 잘라놨습니다. 돌아와 그 모습을 보고 얼마나 망연자실하였던지. 말이 나오지 않았습니다.

열심히 가지들을 잘라내고, 화단을 정리했을 남선교회 회원들의 땀에 배인 얼굴들이 떠올랐습니다. 하지만 속상했습니다. 수고했다는 말이 나오지 않았습니다. 밤새워 뒤척였습니다. 문득 잊고 있던 그 옛날의 통수식이 생각났습니다. 말을 아꼈지요. 그리고 몇 주 후에 통수식 이야기를 했습니다. 제대로 이해하였는지는 모르겠습니다. 하지만 이 일로 깨달은 것 하나. 어느 공동체에나 통수식은 필요하구나!

3.

힘을 빼야 자신감이 생긴다

자신감은 중요합니다. 2014년 브라질 월드컵 4강전에서 네덜란드가 아르헨티나에 패했습니다. 네덜란드는 아르헨티나와 우열을 가릴 수 없을 정도로 대등하게 싸웠습니다. 90분간 승부를 결정짓지 못하여 연장전까지 가는 대접전을 벌였습니다. 승부는 5명의 키커가 나서는 승부차기에서 갈렸습니다. 전 세계 축구팬들은 손에 땀을 쥐게 될 승부차기를 기대했습니다. 하지만 결과는 예상을 크게 빗나갔습니다. 네덜란드의 첫 키커가 찬 공이 아르헨티나 수문장에게 걸리고 말았습니다. 네덜란드 선수들은 4명이 승부차기에 나서 2명만이 골을 성공시켰습니다. 50%만 성공한 것입니다.

승부차기가 끝난 후 네덜란드 루이스 판할 감독은 이런 말을 했습니다. "아무도 승부차기의 첫 키커가 되기를 원하지 않았다. 두 선수에게 첫 키커로 나설 것을 요청했지만 연거푸 거절을 당했다." 승부에 대한 부담감이 얼마나 극심했는가를 보여주는 대목입니다. 힘이 잔뜩 들어간 선수들은 결국 자신감을 잃고 실축을 하고 말았습니다. 만약에 이들이 승리에 대한 부담감을 덜어내고 승부차기에 임했다면 결과가 어땠을까요. 아마 자신감이 살아나 정반대의 결과가 나올 수도 있었을 것입니다.

자신감과 관련짓는다면 다윗과 골리앗 이야기를 빼놓을 수 없습니다. 다윗이 골리앗과 맞서 싸우려 할 때 그의 형들은 비웃었습니다. 다윗은 골리앗의 맞수가 될 수 없다고 본 것입니다. 형들은 다윗이 갖고 있는 자신감이 이해가 가지 않았습니다. 하지만 다윗은 형들이 미처 알지 못하는 경험이 있었습니다. 양을 잡아먹으려고 덮쳐오는 수많은 맹수를 물리친 일들 말입니다. 그때마다 다윗은 하나님께 도움을 요청했고, 하나님의 도우심을 확신하면서 물맷돌을 던졌습니다. 다윗은 그때처럼 자신의 힘을 다 빼고 물맷돌을 골리앗에게 던졌습니다. 그 결과는 우리가 아는 대로입니다.

한국교회가 자신감을 잃어가고 있습니다. 한국교회의 자신감 상실은 어디에서 오는 것일까요. 역설적이게도 한국교회가 이제껏 자랑했던 외형적인 힘에서 오고 있습니다. 그 힘은 세속적인 힘과 어떤 차이가 있는지도 명확하지 않습니다. 게다가 그 중심에는 대형교회를 일구었던 1세대 카리스마 목회자들의 부정적인 영향력이 적지 않게 작용하고 있습니다.

유진 피터슨은 하나님이 아닌 다른 종류의 초월성을 찾는 길이 세 가지가 있다고 말합니다. 마약과 알코올 같은 약물을 통해 얻는 황홀경, 오락적 섹스를 통해 얻는 황홀경, 그리고 군중을 통해 얻는 황홀경이 그것입니다. 그중에서 제일 위험한 게 군중이 주는 황홀경이라고 합니다. 그러므로 회중을 군중으로 보지 않고 공동체로 보는 훈련을 하는 것, 이것이 목사가 가져야 할 가장 중요한 영성이라는 것이지요. 목사는 힘을 추구하는 사람이 아니라, 주님을 신뢰함으로 자신의 힘을 빼는 사람이라고 말합니다.

예수님은 제자 공동체를 불러 모아 예수님의 카리스마를 일상에서 이어받게 하셨습니다. 이 '카리스마의 일상화'가 곧 초대교회입니다. 카리스마의 일상화가 일어난 초대교회 공동체는 예수님처럼 모두 다 힘을 뺐습니다. 베드로도 힘을 뺐고, 바울도 힘을 뺐습니다. 성도들도 힘을 뺐습니다. 자기 것을 자기 것이라고 주장하지 않고 나누었습니다. 그리하여 세상 안에 있으나 세상 것이 아닌 공동체, 진정한 교회를 이루었습니다. 그것이 초대교회가 가졌던 자신감의 정체입니다. 초대교회로 돌아가자고 하는 말의 의미는 무엇일까요. 한국교회가 자랑하던 그 힘을 빼야 한다는 말로 번역되는 것 아닐까요. 힘을 빼야만 진정한 자신감을 가질 수 있다는 것은 축구에만 통하는 게 아닙니다. 저부터 힘을 빼는 목사가 되어 보려고 합니다.

4.

존엄한 죽음

오래전 일입니다. 목사 안수를 받고 몇 개월 지나지 않은 겨울, 갑자기 큰 숙제가 던져졌습니다. 우리 교회 중고등부에 출석하던 한 여학생의 아버지가 돌아가신 것입니다. 소식을 듣고 여학생의 집을 찾았더니 초라한 두 칸짜리 집 안방에는 아버지의 시신이 수습도 안 된 채 이불에 덮여 있었습니다. 어머니의 소식은 알 수도 없었고, 중학교 다니는 여학생과 동생 남매가 어찌할 바 모르고 있었습니다. 장례를 치러줄 일가친척도 없었습니다. 시신을 둘둘 말아 경운기에 싣고 나가 묻어야 할 상황이었습니다. 경험 없는 젊은 목사에게 참 난감한 일이었습니다.

그런데 소식을 들은 교인들이 나섰습니다. 흔쾌히 교회에서 장례를 맡아서 치르자고 했습니다. 정성껏 염습하고 꽃상여를 만들어 장례를 치렀습니다. 물론 동네 어른들의 도움을 받아 장지도 마련했습니다. 장례를 치르면서 불안해서 어쩔 줄 모르던 아이들의 얼굴이 따스한 표정으로 변해가던 모습을 잊을 수 없습니다. 장례식이 인간의 의식 가운데 가장 존엄해야 하는 이유를 실감했지요.

최근에 가슴 뭉클한 장례식을 치렀습니다. 손성일 장로님의 장례식이었습니다. 이분은 세상을 떠나기 1년 4개월 전에 폐암 4기 판정을 받았습니다. 의사는 얼마나 살 수 있을지 모른다고 했습니다. 다만 항암치료를 받으면 6개월은 살 수 있을 거라고 했습니다. 하지만 장로님은 부인과 함께 간절히 기도한 후에 항암치료를 받지 않기로 결단을 내렸습니다. "믿음을 가지고 식이요법을 해보겠습니다. 항암치료 없이 암과 맞서 보겠습니다."

손 장로님은 나를 찾아와서 잘한 결정이냐고 물었습니다. 그의 음성은 담백했지만 듣는 내 마음에는 뜨거운 것이 치밀어 올라왔습니다. 유구무언. 자신의 살날, 생명을 담보로 내린 결정 앞에 어떤 말을 할 수 있겠습니까. 그 후 장로님은 암과 계속되는 싸움을 벌여나갔습니다. 언젠가 부인은 지나가는 말로 장로님에게서 죽음보다 삶에 대한 애착이 절실하게 표현된다는 이야기를 전해주었습니다. 마음이 아려오더군요. 더 살고 싶은 마음이 없는 사람이 세상에 있을까요. 그런데 그는 때때로 찾아오는 삶에 대한 애착, 그 두려움을 잘 구슬리면서 죽음과 친해져 갔습니다.

죽음 앞에서 장로님은 갈등했습니다. 두려워했습니다. 하지만 두려움을 외면하지 않고 두려움을 인정했습니다. 그럴수록 그의 믿음은 깊어졌고, 삶의 애착을 다룰 줄 알면서 더욱 하나님을 의지하게 되었습니다. 의사는 항암치료를 받아야 6개월을 살 수 있다고 했는데 장로님은 10개월, 그리고 1년을 훌쩍 넘겼습니다. 폐암 진단받은 지 10개월이 지날 때부터는 웃음 띤 얼굴로 말했습니다. "목사님, 이제 저 때문에 할 얘기가 생겼지요? 목사님께 이야깃거리 만들어 드리려고 저 무척 고생했습니다."

그렇게 유쾌하게 죽음과 친해졌던 그분에게 죽음은 짧고도 급작스럽게 찾아왔습니다. 형언할 수 없는 아픔이 밤새 그를 짓눌렀고, 새벽 응급실로 옮긴 지 아홉 시간 만에 죽음을 맞았습니다. 믿음으로 살았던 장로님은 믿음으로 죽었습니다. 그분의 죽음 앞에서 인간다움을 잃어버린 채 간신히 호흡만 붙어있는 수많은 연명치료 환자들이 떠올랐습니다. 존엄했던 인간은 온데간데없고 두려움마저도 의식하지 못하는 남루한 삶이 실려 있는 침대 위의 환자들 말입니다. 이런 현실 속에서 그분의 죽음은 존엄한 죽음의 회복을 불러오는 큰 나팔이 되었습니다. 죽음을 보면 그의 삶을 알 수 있습니다. '그는 믿음을 따라 살다가 믿음으로 죽었다'(히 11:13).

5.

식은땀 충만했던 설교

팔당 마실교회에서 목회했던 조언정 목사 내외가 '앉은뱅이 우리밀 국수'집을 열었을 때였습니다. 식당을 시작하며 드리는 감사 예배에서 설교를 했습니다. 개인적으로는 가장 복되고 영광스러운 설교 자리였는데 결과적으로 그날 설교는 실패했습니다. 예배를 마치고 점심을 먹는데 밥맛을 느낄 수 없을 정도로 마음이 힘들었습니다. 힘든 마음은 그날 밤은 물론이고, 며칠 동안 계속되었습니다. 마치 피부를 데었을 때 욱신거리는 아픔으로 잠을 이루지 못하는 것과 흡사했습니다. 부끄러움은 아픔이 되었고, 그 아픔을 용납하지 못하는 자존심의 작동이 멈추지 않은 까닭이었습니다.

그동안 설교는 어느 정도 적절한 준비만 하면 되는지 알았습니다. 대놓고 말은 하지 않았지만, 26년간의 목회를 통해서 의식은 그렇게 길들어 왔습니다. 은혜롭다는 말에 얼마나 나 스스로가 속아 왔는지를 섬광처럼 깨달았습니다. 회중들과의 교감에 대해서도 다시 생각하게 되었지요. 솔직하게 말하면 익숙한 것에 대한 익숙한 반응에 속아왔던 것입니다. 회중들과 저는 익숙했습니다. 다루는 말씀에 익숙했고, 말씀이 전해지는 틀에 익숙했고, 삶에 별 무리가 생기지 않도록, 상황을 전제하는 것에 익숙했습니다. 변화 때문에 안정적인 삶이 흔들려서는 안 된다는 암묵적인 약속을 하고 말씀을 전하였던 셈입니다. 그런 상황에서도 회중과의 교감은 일어났습니다. 문제는 그 반응을 과도하게 부풀려서 나 자신을 그래도 괜찮은 설교자로 공중에 붕 띄우는 착각을 해 온 겁니다.

그런데 '앉은뱅이 밀 국수집' 감사예배에 참석한 회중들은 달랐습니다. 이들에게는 말씀 속에 감춰져 있는 진리를 찾아내 선포하는 게 중요하지 않았습니다. 이미 단단하게 생명의 말씀을 붙잡고 자신의 삶을 던져 말씀을 살아내고 있는 사람들이었습니다. 삶과 동떨어진 채 말씀 속에 감추어진 진리를 찾아냈다고 눈을 반짝일 이유가 없는 회중들이었습니다. 이들과는 삶 속에서 말씀이 얼마나 능력 있게 역사하는지를 함께 확인하고 나누어야 했습니다. 그런데 어찌 된 일인지 말씀의 큰 비밀을 찾아낸 듯이 일방적으로 선포하는 설교가 전개되었습니다. 회중들에게 매우 낯선 상황이 펼쳐진 것이지요. 의아한 듯이 쳐다보는 눈길이 느껴졌습니다. 예상치 못한 장면 앞에 식은땀이 흘러 속옷이 흥건히 젖었습니다. 소리가 입속에서 언어가 되지 못하고 엉클어졌습니다. 진땀을 흘리던 설교는 어떻게 끝이 났는지 기억이 없습니다. 실패한 설교였기 때문입니다.

하지만 실패라는 용어에서 보듯이 설교에 대한 자기중심적인 평가는 적절치 못합니다. 성공과 실패라는 단어는 자기중심적인 가치관을 선명하게 보여주는 단어입니다. 기독교 신앙의 핵심은 나 중심적인 인생관이 그리스도 중심의 인생관으로 바뀌는 것을 말합니다. 그러니까 성공과 실패라는 기준은 신앙의 핵심에서 한참 벗어난 왜곡된 자기 평가 기준인 것이지요. 그럼에도 설교가 실패했다는 아픈 자의식을 통해 나 자신을 돌아보게 되는 계기를 갖게 된 것은 참 다행한 일이 아닐 수 없었습니다.

문제는 변화하지 않는 익숙한 설교와 여전히 변화하지 않는 삶을 살아가고 있는 익숙한 회중들입니다. 주님께서 삶이 담기지 않은 내 설교를 듣고 "네 설교는 어떤 설교냐?"고 물으시면 뭐라고 대답을 할까요. 딱히 대답을 찾아내지 못하고 전전긍긍하는 실패한 설교자의 모습이 내 모습으로 굳어질까 봐 그게 두렵습니다.

6.

티키타카 축구의 몰락

2014년 브라질 월드컵의 최대 이변은 스페인의 조별 예선 탈락이었습니다. 티키타카 축구의 몰락을 예상한 사람은 거의 없었습니다. '티키타카'란 탁구공이 탁구대 위를 끊임없이 오가는 것처럼 그라운드에서 공을 지배하다가 상대방의 골문에 결정적인 틈이 생기면 이를 놓치지 않고 공격하는 스페인식 축구를 상징하는 말입니다. 지난 2010년 남아공월드컵을 제패했고, 2008년과 2012년 유럽선수권대회에서 연거푸 우승을 이루었던 스페인 축구입니다. 하지만 막상 브라질 월드컵이 개막되자 티키타카 축구는 맥도 쓰지 못하고 예선 리그에서 무너지고 말았습니다.

6년여 세계를 지배하던 스페인 축구의 아름답던 위용은 사라졌습니다. 상대 팀에서는 티키타카 스페인 축구를 확실하게 대비했습니다. 패스 타이밍을 읽어 냈고, 스페인이 확보하려는 공간을 내주지 않았습니다. 상대 팀에서는 스페인의 티키타카 축구를 읽어 냈지만, 스페인의 티키타카는 완벽했던 상대 팀의 준비를 읽어 내지 못하였습니다. 티키타카 축구의 몰락은 과도하게 시스템화된 축구가 축구 본연의 역동과 힘을 상실할 수 있다는 것을 보여준 셈입니다. 네덜란드와 칠레 축구를 보면서 축구는 역시 힘을 바탕으로 한 빠른 공간 침투가 최고라는 이야기가 다시 힘을 얻고 있습니다. 영원한 것은 없다는 평범한 진리를 확인합니다.

어느 분야에서든지 시스템화는 피할 수 없습니다. 하지만 운동성을 상실하면 시스템은 무덤이 될 수 있습니다. 교회도 마찬가지입니다. 한국교회는 대형교회가 지배하고 있습니다. 티키타카 축구가 세계 축구계를 지배했던 것 같이 대형교회는 한국교회를 지배해 왔습니다. 작은 교회, 중형 교회, 다양한 활동을 하는 수많은 유형의 교회들은 보이지가 않습니다. 대형교회는 한국교회의 이름이며 DNA입니다. 1980년대 이래 근 40년 가까이 계속되고 있는 현상입니다. 대형교회 의식은 한국교회 내면에 깊숙이 자리 잡았습니다. 많은 교회가 앞다투어 대형교회의 예배 형태를 도입하고, 대형교회의 성공적인 프로그램을 실행했습니다. 한국교회는 대형교회라는 모노톤만 들리는 교회가 되고 말았습니다. 신앙 의식과 교회문화의 수직화가 완성단계(?)에 이른 듯 보입니다.

모노톤만 남은 한국교회에 복음의 역동성이 사라져가는 것은 당연해 보입니다. 한국교회는 대형교회만을 복음의 열매로 여겨온 경향이 있습니다. 복음은 운동입니다. 복음은 삶의 구체성과 만날 때에만 운동합니다. 힘을 바탕으로 빠른 침투를 구사할 때 역동적인 축구가 이뤄지는 것과 유사합니다. 그런 의미에서 대형교회 의식만으로 무장된 모노톤을 얼마나 빨리 벗어버리느냐가 복음의 역동성을 회복하는 지름길입니다. 중소형교회가 살아나야만 모노톤을 벗어버릴 수 있습니다. 자기 이야기와 자기 빛깔이 선명한 중소형교회가 곳곳에서 일어나야 합니다. 그들이 지금껏 실행해 온 다양한 선교와 다양한 복음의 실천을 소중하게 모아내고 나누어야 합니다.

교회 성장 학자들은 교회에도 수명이 있다고 합니다. 주님의 교회는 영원하지만, 지상의 특정 교회는 수명이 있다는 것입니다. 한국의 대형교회가 한국교회를 대변하던 시절은 이제 지나가고 있습니다. 만약 이 사실을 알지 못한다면 한국교회는 티키타카 축구가 보여준 무의미한 공 돌리기에만 열중하는 세상에서 가장 불쌍한 존재가 될지도 모릅니다.

7.

목사님, 뭐가 두려우세요?

'사순절 탄소 금식 캠페인 및 자료나눔회'를 마치고 함께 커피를 마시던 한 신학 교수가 불쑥 물어왔습니다. "아니, 목사님들은 뭐가 그렇게 두려우세요?" 마침 그때 저는 기후위기 상황 앞에서 한국교회가 녹색신앙으로 무장하면 기후위기 극복 활동이 오히려 새로운 전도의 도구가 될 수 있다고 주장하던 중이었습니다. 작년에 '기후위기 행동의 날'에 피켓을 들고 나가서 지역 주민들과 교감했던 경험과 교회에 다니지 않는 지인들을 초청해서 탄소 금식 운동을 함께 진행한 경험을 가지고 이야기에 한창 열을 올리고 있었지요. 그런데 뭐가 그리 두려우냐는 말에 그만 머쓱한 마음이 들었습니다. 그 말을 듣는 순간 숨겨졌던 목사의 내면을 비추는 거울이 보이는 것 같았습니다.

그 교수가 말하는 핵심은 현장 목회자들의 생각이 너무 고착되어 있다는 것이었습니다. 그는 "왜 교회가 중심이 되어야 하느냐? 왜 꼭 교회로 사람들을 모으려고만 생각을 하느냐? 교회가 중심이 되지 않으면 안 되느냐? 잘 생각해 보라. 교회가 세상으로 나아가야 하는 게 아니냐? 교인들을 마을로 내보내라. 가서 사람들을 만나고 사귀게 하라. 마을 사람들 모임으로 들어가서 그들이 무엇을 생각하는지, 무엇을 하는지 가만히 살펴보도록 해라. 공감해라. 그리고 일을 함께 나누어 할 수 있겠다고 판단되면 그때 조금씩 해보시라. 그래야 제대로 일도 하고, 사람도 얻을 수 있지 않겠는가?"라고 했습니다. 머리를 한 대 맞은 것 같았습니다.

그러면서 이상하게도 신비로운 마음이 들었습니다. 그가 "뭐가 두려우세요?" 하고 한마디 던지자 '아, 그래 중심이 문제구나'하는 생각이 퍼뜩 들었거든요. 마치 안갯속에서 눈을 가늘게 뜨고 희미하게 볼 수밖에 없었던 '지역 목회'의 그림이 환하고 일목요연하게 그 모습을 드러내는 것 같았습니다. 나름 한국교회의 가장 큰 문제는 개체 교회에서 '지역'과 '마을'이 사라진 것이라고 진단해왔던 터였습니다. 한국의 거의 모든 교회가 규모나, 지역에 상관없이 오직 '성장'이란 DNA만 남아 있는 것 같아 참 마음이 아팠습니다. 그래서 우리 교회가 구하는 것처럼 모든 개체 교회마다 교회의 뿌리는 '마을'임을 발견하게 해주십시오, 그리하여 한국교회가 생명력을 회복하게 해주십시오, 이렇게 기도를 해 왔습니다.

그런데 한순간에 지역 목회, 마을 목회의 핵심은 '중심'의 문제임을 깨우친 것입니다. 여태껏 마을 목회를 말하면서도 교회가 모든 것을 해야 한다고 여겨왔습니다. 무의식적으로 교회의 이름을 빌려서 하나님 나라의 일을 제가 컨트롤 할 수 있다고 착각해온 것이지요. 교회 성장의 강박을 스스로에게도 감쪽같이 숨겨놓고 하나님 나라의 건강함을 추구한다고 말해왔다는 생각도 들고요. 예수님은 "아버지께서 나를 보내신 것 같이 나도 너희를 보내노라"(요 20:21)라고 하셨습니다. 온 우주와 모든 피조물을 구원하시려는(골 1:20; 롬 8:21) 하나님의 주권을 믿고 하나님의 선교에 동참하는 것이 마을 목회의 핵심일 것입니다. 그렇다면 미루지 말고 교회 소그룹의 목표를 '마을로 들어가 마을 사람들의 모임에 참여하고 그들과 친해지기'로 정하고 실행을 해야 하겠습니다. 막상 그렇게 결심하니 두렵기는 합니다.

8.

기억하고 기념하라

충북 영동이 고향이신 권사님의 하관식을 마치고 돌아오는 길. 눈이 시리도록 파란 하늘을 하염없이 바라보는데 문득 이정표 하나가 눈에 들어왔습니다. '노근리 평화공원!' 차를 돌려 노근리로 향했습니다. 넉넉한 부지 위에 잘 조성된 평화공원 안에는 '노근리 희생자 위령탑'이 서 있었지요. 위령탑에서 나와 국도를 건너면 사진으로 이미 익숙한 '쌍굴다리'가 탄흔으로 상처 범벅이 된 채 서 있습니다. 경부선 철도가 개통된 이래 백 년 가까이 자리를 지키고 있는 '쌍굴다리', 그리고 2012년에 조성된 '위령탑'. 이 2개의 구조물은 모두 다 '1950년 7월 26일'을 가리키고 있습니다. 무더위가 한창이었을 그날, 2백 수십 명 이상의 피난민은 '쌍굴다리'에서 영문도 모른 채 한 순간 미군의 기총사격을 받고 억울하게 죽고 말았습니다.

50년이 넘도록 까맣게 잊혔던 그들의 죽음이 세상에 알려지고, 그 죽음에 대한 책임을 묻고, 그들의 명예 회복을 위한 특별법이 제정된 것이 2004년의 일입니다. 그러고도 노근리 평화공원 위령탑이 세워지기까지는 몇 년이 더 걸렸습니다. 이렇듯 긴 세월의 덮개가 쌓였어도, 노근리는 헛된 죽음이 어디 있느냐며 생명에 담긴 평화의 무게를 여전히 일깨우고 있습니다. '쌍굴다리'와 '노근리 위령탑'은 한국전쟁의 비극을 잊지 말라며 우리에게 평화의 방향을 알려주는 평화의 기념돌입니다.

기념記念이란 말의 사전적 의미는 뜻깊은 일이나 사건을 잊지 않고 마음에 되새기는 것입니다. 아무리 멋진 조형물이나 기념비를 세워도 뜻을 새기고 기억하려는 의지가 없다면 아무 소용이 없는 것이지요. 그런데 의지적인 기억이 있는가 하면 저절로 새겨지는 기억이 있습니다. 그만큼 기억의 모습과 층위는 다양합니다.

최근 들어 세계적인 선풍을 불러일으키고 있는 K드라마에 대한 흥미로운 글을 읽었습니다("'킹덤'에서 '지옥'까지 K드라마에 빠져드네", 이상인, 시사인 743호). 기사 중에 K드라마를 만든 감독들의 나이를 언급하는 부분이 마음에 와닿았습니다. 감독들은 대부분 1960~1970년대생들입니다. 기자는 이들이 유년 시절, 서울의 판자촌을 경험하거나 목격한 세대들이라는 점에 주목합니다. 대한민국이 이룬 압축 성장과 엄청난 부의 축적은 이들의 현재이면서 동시에 유년 시절에 겪은 극심한 가난의 기억이 공존합니다. K드라마에 녹아있는 사회 비판과 사회 통합의 힘이 여기에서 나온다는 것입니다. 반면 할리우드 감독들은 미국 사회가 양극화된 채, 수세대가 그냥 지나버렸기 때문에 인간성에 대한 보편적 철학을 담아낼

여지가 없어졌다고 합니다.

그러고 보니 디즈니가 접수한 미국 콘텐츠 시장에 리메이크물이나, 슈퍼히어로물이 범람하는 이유를 알 것 같습니다. 그리고 K드라마가 불러일으키는 공감의 원천은 저절로 새겨진 기억의 지층을 잘 보관해 온 기억창고에서 나온다는 확신을 하게 됩니다. 이들은 어둡고 무겁고, 자기 비하로 보일까 꺼려지기까지 했던 기억을 갈무리하고 잘 버무려서 인류 보편적인 작품을 만들어내고 있는 것입니다. 기억하는 자가 기념비를 세우는 자입니다. 궁금한 것 한 가지. 이들은 마음속 깊은 지층에 있던 기억을 어떻게 끌어낸 것일까요?

성경은 기억의 책입니다. 사무엘기에 보면 이스라엘이 블레셋과 싸워 큰 승리를 거두는 장면이 나옵니다. 이스라엘은 감격스러운 승리를 기념하여 기념비를 세우고 '여호와께서 여기까지 우리를 도우셨다'라고 고백합니다(삼상 7:12). 그날 이스라엘이 실제로 세운 것은 기억의 돌을 마음에 세운 것입니다. 성경은 곳곳에서 기억하라고 말합니다. 하나님이 구원해 주신 은혜를 의지적으로 기억함으로 하나님 나라를 살라는 것입니다. 기억하라는 구절들에 비춰보면 하나님의 전략이 분명히 드러납니다. '의지적인 기억'이 있어야 '새겨진 기억'을 불러내고, 조직할 수 있다는 것입니다. 기억의 타래, 기억의 창고에서 기억을 불러내서 기념비를 세우는 사람은 의지적으로 기억을 갈무리하는 사람입니다.

9.

흥미진진한 교회

교회는 흥미진진합니다. 적어도 내게는 그렇습니다. 내 또래 믿음을 가지고 청소년기를 교회에서 보낸 사람들은 비슷할 것입니다. 어렸을 때부터 교회는 늘 내 옆에 있었습니다. 고등학교에 다니던 70년대 후반, 유신 체제는 고등학교까지 병영兵營으로 만들었습니다. 학교는 연대 단위 부대였습니다. 학생 대표들은 연대장, 대대장, 중대장으로 불렸습니다. 매주 월요일이면 어김없었던 교련 조회, 1년에 한 번씩 갖는 병영집체훈련은 한창 세상을 예민하게 보기 시작하던 나를 얼마나 숨막히게 했는지 모릅니다.

그래도 그때 내게는 자유의 공간이 있었습니다. 마음껏 숨 쉴 수 있는 자유의 공기, 참된 우정과 미래의 꿈을 나눌 수 있는 비밀스러웠던 공간이 있었습니다. 그건 바로 교회였습니다. 교회는 2층 교육관을 독서실로 내주었고, 그곳은 한창 자라나는 나와 친구들에게 온갖가지 이론과 현실과 신앙을 범벅하고 실험하는 소용돌이였습니다. 거기에서 우리는 김민기의 노래를 배웠고, 문익환의 '마지막 시'를 읊으며 눈물을 흘렸습니다. 공부한다며 밤을 새우기 일쑤였지만, 그래서 성적이 올라간 기억은 거의 없습니다. 그래도 교회는 그러한 치기稚氣를 너그러이 용납해 주었습니다.

친구들은 그곳에서는 어느 누구도 소외되지 않았고 가끔은 폼(?) 잡을 수 있는 기회가 주어졌습니다. 시험을 치르고 일찍 돌아오는 날이면 아무도 없는 공간에서 자신과 깊은 대화를 나누다가 소리 내어 기도하곤 했습니다. 그 모든 과정이 신앙의 훈련이었고 삶의 뿌리를 깊이 내리는 순간이기도 했습니다. 교회의 그 공간이 없었다면 나의 10대는 얼마나 삭막했을까 생각합니다. 일평생 살아갈 영혼의 고향을 받은 것만으로도 교회에 참 많은 빚을 졌습니다. 교회는 내 마음의 아늑한 보금자리였습니다.

생각해 보면 교회가 이렇듯 흥미진진했던 것은 하늘 때문일 것입니다. 교회는 누구나 날아오르고 싶어 하는 하늘을 보게 해주었던 것입니다. 오래전에 보았던 〈옥토버 스카이〉(1999, 조 조스톤 감독)라는 영화 생각이 납니다. 주인공 호머는 고등학교를 졸업하면 자기를 탄광으로 들여보내 탄을 캐게 하려는 아버지에게 외치지요. "나는 땅속으로 들어가지 않아요. 하늘을 날아오를 것입니다!" 호머는 정말 하늘을 날아오르는 로켓 발사에 성공하고 자기의 꿈을 이룹니다. 이렇듯 꿈을 일구었던 어린 시절 교회 이야기를 하니 자꾸만 흘러간 옛 노래를 듣는 것 같은 느낌이 듭니다. 요즘 사람들은 교회에 와서 하늘을 찾지 않는 것처럼 보이기도 합니다. 교회가 재미

있다, 없다 하는 말을 아예 하지 않는 것 같기도 하고요.

하지만 대놓고 말은 하진 않지만, 교인들에게서 교회가 재미없다는 표정이 종종 나타나는 것을 훔쳐보곤 합니다. 설교할 때의 열정과 어쩔 수 없다며 비겁하게 합리화하는 현실 사이의 괴리를 감추지 못할 때를 포착하는 그 어색한 모습 말입니다. 무심한 듯하지만 교인들의 눈동자는 이를 놓치지 않는다고 환히 말해줍니다. 왜 요즘 사람이라고 하늘을 찾지 않겠습니까. 하늘을 가로막고서도 그 사실을 까맣게 모르고 살아가는 눈먼 지도자 때문에 교인들이 하늘을 아예 포기하고 살아가는 것이라는 생각이 퍼뜩 듭니다. 주님께서 '그 눈먼 지도자가 바로 너!'라고 말씀하시는 듯해 마음이 무거운 밤입니다.

10.

희망의 교회, 『슬로처치』

지난(2016년) 1월 초 경향신문에 〈청년 미래 인식조사〉라는 기사가 실렸습니다. 기사에서 청년들은 〈정부 정책에서 우선적으로 고려돼야 할 가치〉가 무엇인지 다음과 같은 순서로 꼽았습니다. ① 인간의 존엄성 ② 신뢰 ③ 공정성 ④ 책임성 ⑤ 대화 ⑥ 소통 ⑦ 자비 ⑧ 친밀감 ⑨ 경쟁. 이걸 보면 현실 사회와 청년들이 상상하는 사회는 정반대라는 걸 알 수 있습니다. 그래서일까요? 청년들이 "ㅂㄷㅂㄷ"이란 이모티 글자를 즐겨 사용하는 게. 그건 '떨면서 분노한다'라는 뜻인데, 청년 세대의 깊은 절망이 담겨 있습니다. 그런데 이런 청년들에게 교회는 속수무책입니다. 이 사실이 참 답답하고 낙심이 됩니다.

원래 교회는 현실 사회의 희망입니다. 그런데 언제부터인지 교회 스스로 희망의 메신저 역할을 포기하기 시작했습니다. 그 이유를 설명하는 책이 있습니다. 크리스토퍼 스미스와 존 패티슨이 함께 쓴 『슬로처치』(새물결플러스, 2015)입니다. 흥미롭게도 이들은 평신도 사역자들입니다. 저자들은 이 책이 패스트푸드에 대응하는 슬로푸드 운동에서 착안되었음을 밝힙니다. 패스트푸드의 대명사는 맥도날드 햄버거일 것입니다. 맥도날드는 규격화와 단일화, 신속화를 바탕으로 엄격한 통제성을 발휘하여 거대한 물량주의를 추구합니다. 이에 반해 슬로푸드는 지역에서 난 식재료를 천천히, 충분히, 다양하게, 먹을 만큼만 받아들임으로 충분한 풍미와 영양을 맛보자고 합니다. 결과적으로 소통과 생명의 연대까지 추구하면서 말입니다.

저자는 교회에도 패스트처치가 있고, 슬로처치가 있다고 합니다. 패스트처치의 특징은 다음과 같습니다. '① 사역이 정형화되었다. ② 마케팅 기법을 사용한다. ③ 성직자는 주님과의 관계보다 대중들에게 유명인사가 되는 데 더 많은 관심을 기울인다. ④ 예배는 철저하게 대본화되었다. ⑤ 교회는 브랜드화를 추구한다. ⑥ 결정적인 특징! 지역적인 상황과는 아무런 상관이 없다.' 그런데 미국교회를 설명하는 이와 같은 패스트처치의 특징이 사실은 한국교회를 더 분명하게 설명합니다.

책은 성서적 교회는 본질적으로 슬로처치임을 밝히고 있습니다. 슬로처치야말로 오래된 미래인 것이지요. 기존의 교회들은 지금껏 효율과 속도를 통해 성장을 추구했습니다. 하지만 슬로처치는 지역 사회와 인격적인 관계를 맺고 이웃과 친구가 되어주자고 제시합니다. 주님과 인격적인 관계를 맺는 것이 신앙의 본질이듯, 이웃과 세상과 인격적인 관계를 맺는 것은 교회의 최우선적인 과제임을 말하고 있습니다. 이는 하나님이 만드신 창조세계와 이웃을 하나님의 구원과 화해의 장으로 여길 때 가능합니다.

그런데 그 길이 낯섭니다. 느리기 때문입니다. 빠르고 효율적이어야 하는데, 그 길은 아주 구체적이고 섬세하고, 친절하고 따뜻하고 느립니다. 하나님과 함께 시간을 보내야 하고, 서로가 함께 시간을 보내야 합니다. 물론 자기 자신과 시간을 보내는 것은 기본이지요. 그 느림을 통하여 예수님을 따라 일하는 신실한 인격적인 교회가 세워지고 지역과 소통하며 지역 속에서 복음의 역사를 일으키는 교회의 모습을 갖게 되는 것이지요.

건축가 승효상의 말이 생각납니다. "인간은 땅에 새겨진 고유한 터 무늬를 바탕으로 삶을 영위해야 하는데, 이를 싹 밀어버린 터무니없는 근대 도시에서 살게 된 것이 현대인의 터무니없는 삶의 시작이다." 청년들이 바로 이 터무니없는 사회의 직격탄을 맞고 있는 것이지요. 그래서 묻습니다. 터무니없는 사회에서 두려움과 절망 가운데 터무니없는 삶을 살아가는 사람들에게 교회는 과연 영원하고 안전한 터무니를 제공할 수 있을까요? '슬로처치'는 그 답을 찾기 위해 어떻게 고민하고 기도해야 하는지 그 길을 출발하게 합니다.

II.

코로나 이후의 교회

2022년 9월 25일 '세계 기후위기 행동의 날'을 맞아 10여 명의 성도와 함께 손팻말을 들고 동네 거리로 나섰습니다. 교회 앞, 전농동 사거리와 건널목, 아파트단지 공원 등에서 한 시간 동안 캠페인을 전개했습니다. '지금 당장, 기후 정의', '기후위기, 생명의 위기', '기후 행동으로 살아있는 신앙실천을', '교회가 기후 정의에 앞장섭니다', '탄소 감축으로 정의실현을!' 그날 손팻말에 적어 넣었던 구호들입니다.

교인들은 캠페인을 마친 후에 캠페인 시간보다 더 긴 시간 동안 소감을 나눌 정도로 상당히 고무되었습니다. 사람들의 호응을 크게 느꼈거든요. 별 기대하지 않았는데, 팻말을 읽으려고 차를 천천히 몰며 유심히 바라보는 운전자들, 멀리 서서 핸드폰으로 사진을 찍는 사람, 어느 교회에서 나왔느냐고 묻는 사람, 다리 아픈데 고생한다고 격려하는 사람들을 만났으니 뜻밖이었던 겁니다. 사람들의 표정에는 '교회가 기후위기 문제를 다루다니, 괜찮은데!' 하는 모습이 역력했습니다.

많은 사람이 코로나 이후에 교회의 모습이 어떻게 변화해야 할지를 묻습니다. 흔히 통용되는 답이 있습니다. '교회는 코로나 이전과 코로나 이후로 나뉠 것이다!' 이 말의 전제가 있습니다. 코로나 이후 교회의 환경이 매우 어려워질 것이라는 점입니다. 그렇다면 어렵다는 그 기준은 무엇일까요? 아마 교인들이 모이는 숫자이거나, 교인들이 헌금하는 재정, 그리고 교회 활동을 표현하는 헌신도일 것이라고 생각합니다. 만약 이런 기준점을 가지고 코로나 이후의 교회를 내다본다면 두렵지 않을 사람이 없을 것입니다. 하지만 코로나 팬데믹은 이런 기준은 더 이상 교회다움의 진정한 기준이 될 수 없다는 것을 밝히 드러내 주었습니다.

코로나 팬데믹과 한국교회 현상을 다룬 『바이러스에 걸린 교회』(권지성 외, 삼인, 2021)라는 책이 있습니다. 집필자들은 한국교회의 여러 문제점을 지적하고, 이에 대한 대안을 제시합니다. 여기에서 김승환은 '쇼핑몰 교회'를 비판합니다. 쇼핑몰이 새로운 상품과 할인 행사를 통하여 마케팅과 이벤트로 사람들을 모으는 것처럼 그동안 한국교회들도 다양한 프로그램을 통해 영적 수준을 업그레이드 해주면서 차별화된 신앙의 경험이 가능한 것처럼 유혹해왔다는 것입니다. 동시에 한국교회의 예배당 건물은 세상과 단절된 인위적인 거룩함만을 강조하는 공간이 되어버리고 말았습니다.

이에 반해 김주인의 글에 보면 생명을 향한 독일교회의 헌신을 읽을 수 있습니다. 독일개신교협의회는 코로나 상황 속에서 교회가 세상을 위해 가장 시급히 해야 할 일이 무엇인가를 찾기 위해 기도하고 논의를 했답니다. 그리고 온 세상이 코로나19로 잊고 지나갈 뻔한 난민 사역을 이어갔습니다. 지중해 표류 난민을 위한 구조선을 띄운 것입니다. 우리는 코로나 이전의 교회와 코로나 이후의 교회의 '다름'을 말하면서도 여전히 교회를, 본질이 아니라 외적으로 드러난 숫자와 물량의 기준을 가지고 논하려고 합니다.

교회는 하나님께서 예수 그리스도를 통하여 세우신 하나님의 새로운 사회입니다. 이 새로운 사회의 강력한 동력은 생명 운동입니다. 교회의 본질은 생명 운동에 있습니다. 하지만 이 땅의 수많은 조직(제도) 교회는 생명 운동이 아니라 외적인 것들로 교회를 치장하는 일에 열중해 왔습니다. 이는 이 땅에 존재하는 모든 제도 교회의 한계입니다. 코로나 상황은 견고하게 굳어 깨어지지 않을 것 같은 교회의 외적 장식품들을 내려놓을 절호의 기회입니다.

두 가지를 기도합니다. 이 기회를 어떻게 살려야 할지를 깊이 고민하는 교회들이 늘어나기를! 또 하나는 이 땅의 교회들이 아주 작은 일이라도 성경이 말하는 생명 운동이라면 교회 안에서뿐 아니라 마을 속으로 용감하게 나아가 세상을 살리는 교회가 될 수 있기를! 생명 운동은 언제나 세상을 향해 나아가게 되어 있습니다. 그래야 세상을 살리니까요. "너희와 너희 자손이 살려거든 생명을 선택하여라"(신 30:19).

12.

코이노니아 영성을 회복할 수 있을까?

몇 년 전 한국 갤럽이 비종교인 1,500명에게 각 종교에 대한 호감도를 조사했습니다. 조사 결과 가장 호감을 갖는 종교는 불교 25%, 천주교 18%, 개신교 10% 순으로 나타나 개신교가 최하위를 기록했습니다. 10명 중 1명만 개신교에 호감을 갖는다는 말입니다. 급증하고 있는 한국 개신교회에 대한 사회의 비난 여론이 갤럽조사에 일정 부분 영향을 미쳤을 것으로 추정해봅니다. 그렇다면 한국 교회가 사회로부터 외면당하는 이유가 무엇일까요. 교회의 본질인 코이노니아 영성과 무관하지 않을 것입니다.

코이노니아koinonia의 사전적 의미는 친교, 혹은 사귐입니다. 신약성경에서 가장 빈번하게 사용되는 단어 가운데 하나이지요. 이 단어는 그리스도를 믿는 성도들의 관계를 집약해서 설명해줍니다. 그런데 이 코이노니아의 출발점은 사람이 아닙니다. 하나님으로부터 나누어 받는 것을 의미합니다. 그리고 나누어주는 것을 말합니다. 하나님으로부터 충만하게 나누어 받은 초대 그리스도인들은 "모든 물건을 서로 통용하고 또 재산과 소유를 팔아 각 사람의 필요에 따라 나누어 주었습니다"(행 2:44-45). 이것이 코이노니아입니다. 이와 같은 코이노니아는 초대교회의 일상이었습니다. 그리고 이 성경 구절은 기독교 역사 속에서 진정한 영성 공동체의 규범이 되어 왔습니다. 생명력 있는 교회는 코이노니아의 영성이 살아있는 공동체입니다.

하지만 개신교회는 코이노니아 영성을 실천하기에는 구조적으로 취약한 면을 갖고 있습니다. 구조적 취약점의 선두에는 개신교회 목회자들의 가정이 자리 잡고 있습니다. 목사의 가정이 코이노니아 영성을 가로막는 중요한 이유라니까 의아한 생각이 들 수도 있습니다. 가정은 양날의 검입니다. 가정은 하나님의 사랑을 가장 구체적으로 체험하는 축복의 장입니다. 하지만 이 가정이 하나님 나라를 향해 열려있지 않으면 폐쇄적인 가족 이기주의의 현장이 될 수도 있습니다. 그것은 목회자의 가정이라고 예외가 아닙니다. 오히려 목회자의 가정일수록 폐쇄적인 가족 이기주의에 빠질 위험이 큽니다. 한국교회에서 일어나는 추문 가운데 상당수가 목회자 가족 이기주의에 맞닿아 있습니다.

가톨릭 사제들은 독신 목회를 합니다. 하지만 초기 가톨릭교회는 사제들에게 독신을 요구하지 않았습니다. 11세기까지만 해도 사제가 결혼해서 자식을 낳고 사는 것이 자연스러운 일이었습니다. 사제의 독신 생활은 단지 권고 사항일 뿐이었습니다. 그런데 교회가 커지고 부유하게 되자 자녀들을 향한 세습과 성직매매가 광범위하게 일어났습니다. 이 폐해는 교회의 존립 자체를 위협했습니다. 결국, 로마교회는 사제의 독신을 교회법으로 강제하게 되었습니다.

목회자가 자신의 가정을 돌보는 데 우선적인 관심을 갖게 되면 교회 공동체의 코이노니아 영성은 약화될 수밖에 없습니다. 이 문제는 결코 해결이 쉽지 않은 질기고도 질긴 생활의 문제이면서 영적인 문제입니다. 이를테면 능력 있는 하나님의 교회로 거듭나려면 목회자들이 폐쇄적인 가족주의를 뛰어넘어 복음의 본질인 코이노니아의 영성을 회복해야 한다는 식의 피상적인 처방으로는 해결할 수 없는 문제라는 의미입니다. 더군다나 지금 우리의 환경은 신자유주의 경제 질서가 삶의 전 분야를 뒤덮고 있는 상황입니다. 목회자 개인의 신앙적 결단만으로는 교회의 코이노니아 영성을 회복하기에는 힘이 달릴 수밖에 없습니다.

한국교회가 코이노니아 영성을 회복하기 위해 시급하게 가져야 할 것은 상상력입니다. 중세 가톨릭이 사제들의 가정 때문에 생긴 교회의 위기를 '사제 독신주의'로 극복했던 그때의 상황을 상상해 보는 것입니다. 그들이 가졌던 위기의식과 치열함이 얼마나 컸을까요. 한국교회가 위기에 처했던 가톨릭의 상황을 제대로만 상상한다면 그때의 절박함을 느낄 수 있을 것으로 생각합니다. 그 길이 코이노니아 영성을 회복하도록 영감을 제공하는 첫걸음으로 이어진다면 얼마나 좋겠습니까. 오늘 한국교회의 상황은 의례적인 행사로 종교개혁 500주년을 맞을 만큼 한가롭지 않습니다.

13.

지역 교회 되기

교회 성장은 목사에게 압박감을 안겨줍니다. 이런 목사의 초조함을 포착하여 날카롭게 지적한 신학자 이야기를 앞에서 소개했지요. 그의 말에 수긍합니다. 한국교회가 안고 있는 근원적인 문제는 지역성을 잃어버린 데 있다는 것을 깨닫습니다. 돌아보면 규모와 지역에 상관없이 모든 교회가 성장주의와 물량주의에 매여 초조한 신앙생활을 하고 있습니다.

성경적 교회는 지역 교회입니다. 지역 교회라는 말에는 상황적contextual이라는 의미가 담겨 있습니다. 한국교회 역사는 한국교회가 지역 교회의 특징을 잘 드러냈음을 보여줍니다. 상황적이었단 말이지요. 한국교회는 복음적인 삶의 표현을 '금주, 금연'에서 찾았습니다. 금주, 금연 운동은 한국교회가 처한 당시의 상황을 생생하게 보여줍니다. 이 운동은 한국 사회에 기독교가 무엇인지 단 한마디로 정의를 내려 주었습니다. 덕분에 기독교는 도덕적이고 깨끗한 이미지를 사회에 깊이 뿌리내렸습니다. 새벽기도 운동도 마찬가지입니다. 새벽기도회는 한국교회의 영성을 표현하는 아이콘이 되어 기독교인의 경건 생활의 기준이 되었습니다. 이런 신앙 운동들은 한국교회 성도들을 개인적 차원에서 상황화하도록 했습니다.

한국교회 신앙이 상황적이었던 대표적인 사례는 주일학교 운동에서 찾을 수 있습니다. 주일학교는 모든 개체 교회의 필수 프로그램이었고, 문화적 감수성과 표현으로 언제나 와글와글했습니다. 한국의 50대 이상 세대에게 주일학교가 갖는 문화적 상징성은 집단 기억으로 남을 만큼 탐구해볼 만한 가치가 있는 주제입니다. 교회에서 해마다 시행하였던 여름성경학교나 문학의 밤, 혹은 성가대와 찬양단과 같은 활동은 어떻습니까? 당시 이런 활동을 통해 신앙과 문화를 체험하는 것은 물론이고, 자신을 표현하는 중요한 통로가 되었습니다. 이런 활동들은 자연스레 또래나 마을의 구심으로 작용했습니다.

한국교회가 상황적이었다는 결정적인 평가는 교회가 대사회적인 공공성을 지녔다는 데서 비롯됩니다. 한국교회는 우리 민족과 사회의 문제들을 외면하지 않고 씨름해온 공적인 교회였습니다. 교회가 지역 사회에 적합한 상황 신앙을 구축한 것과 민족을 아우르는 운동을 펼쳐나간 것은 동시적이었습니다. 처음 한국교회의 성격을 규정할 때 빠지지 않는 내용들이 있습니다. 계몽 운동과 사회윤리 갱신, 교육을 통한 의식의 함양, 여성의 지위 향상, 의료선교, 그리고 신앙을 통해 민족 운동의 동력을 제공한 교회라는 평가가 그

것입니다. 한국교회는 처음부터 우리 사회에 큰 영향력을 끼쳤고, 민족교회로서의 위상을 확실하게 정립해왔습니다. 한국교회는 민족교회로 상황화가 된 교회였습니다. 이와 같은 공공성을 담보로 상당수의 한국교회가 우리 지역에 교회가 있으니 참 좋다, 든든하다는 인정을 받아왔습니다.

하지만 80년대 이후 한국교회가 비약적인 성장을 하면서 상황이 반전됩니다. 사회의 변화에 둔감한 비상황적 교회가 되었다는 이야기가 날마다 들립니다. 심지어 '추락하는 것은 날개가 없다'라는 말로 한국교회를 평가하기까지 합니다.

이 지점에서 한국교회가 한국 사회와 나누었던 돈독한 신뢰와 유대를 생각하면 마음이 착잡합니다. 한국 사회가 한국교회를 '한국의 교회'로 인정하고 받아들인 것은 사회의 변화에 민감한 공공적인 교회였기 때문입니다. 그 시절, 한국교회는 사회적으로 큰 영향력을 확보했습니다. 그러나 큰 교회가 된 이후 한국교회는 상황성과 지역성이라는 공적인 영역을 신앙에서 밀어내고, 초월성만 강조하는 매우 사적인 교회로 자신을 규정하고 말았습니다. 교회의 공적 참여를 개인의 신앙과 윤리, 전도와 선교의 측면으로 스스로 축소하고 만 것입니다. 영적인 것과 세속적인 일을 이분화함으로 공공성을 놓쳐버리는 어리석음의 덫에 빠지고 말았습니다.

우리는 한국교회의 생명력과 건강함을 어디에서부터, 어떻게 회복할 것인지를 날마다 찾고 있습니다. 답은 우리가 처한 현실과 우리가 살아가는 현장에서 찾아야 합니다. 지금껏 교회 안에서만 답을 찾으려 했다면 이제는 교회가 자리하고 있는 우리 지역을 살펴봐야 합니다. 교회는 지역에 자리하고 있습니다. 교회는 마을에 터하고 있습니다. 지역마다 마을마다 교회가 없는 곳이 없지만, 지역과 상관없이 게토ghetto로 존재하는 교회가 너무 많습니다. 교회는 마을을 발견해야 합니다. 그리고 지역에 뿌리내려야 합니다. 지역에서 상황적이 되어야 합니다. 한국교회는 진정한 지역 교회가 되어야 살아날 수 있습니다.

"하나님은 다만
유대인의 하나님이시냐
또한 이방인의 하나님은 아니시냐
진실로 이방인의 하나님도
되시느니라" (롬 3:29).

14.

달리 봐야 새롭게 보인다

미국 시카고에 '라살 스트리트 교회'가 있습니다. 이 교회에서는 2014년 9월 전교인 320명에게 500달러씩을 나눠 주었습니다. 교회에 뜻하지 않게 160만 달러, 우리 돈으로 약 17억 원이라는 거액의 수입금이 생겼기 때문입니다. 사연은 이렇습니다. 라살 스트리트 교회는 아주 오래전인 1970년대에 옆에 있는 3개 교회와 함께 다문화 가정을 위한 주택단지 개발 사업을 지원했습니다. 40년이 지나면서 이 지역이 금싸라기 땅이 되었습니다. 그리고 6월에 주택단지가 매각되면서 수입이 발생한 것이었습니다. 교회를 담임하고 있는 로라 트루엑스 목사와 장로들은 이 수입금을 전액 선한 목적에 사용하기로 했습니다. 그리고 우선적으로 160만 달러의 '십 분의 일'을 교인들에게 나누어 주었습니다. 단, 조건은 '선한 일을 하라'는 것이었습니다(기독교세계, 2014. 11월호). 참 신선한 일입니다. 무엇보다도 '교인들 스스로 선한 일을 하도록 했다'라는 점이 마음에 확 와닿습니다.

몇 년 전에 우리 교회에서 하였던 전교인 달란트 축제가 생각났습니다. 마태복음 25장에 나오는 달란트 비유에서 힌트를 얻은 행사였습니다. 모든 교인에게 '2만 원' 씩 나눠주었습니다. 그리고 그것으로 달란트를 남기듯이 이익을 남기게 했습니다. 물론 이 일을 앞서서 성공적으로 실행한 교회들의 매뉴얼을 많이 참고했습니다. 기대한 것 이상으로 많은 달란트 이익을 남겼습니다. 마침 같은 지역에 있던 비전교회가 예배처소를 이전해야 하는 상황이었습니다. 그 비전교회를 잘 도울 수 있었습니다. 참 보람 있는 일이었습니다. 지금도 열심히 이 일에 참여했던 교인들의 수고가 잊히지 않습니다. 그럼에도 큰 아쉬움이 남습니다.

아쉬움은 '스스로 선한 일을 하는' 자발성 문제에 집중됩니다. 큰 성과를 낼만큼 자랑스러운 일을 이루었음에도 내용적으로는 수동적 참여에 머물렀던 상황을 본 것입니다. 달란트 축제만 그런 것이 아닙니다. 교회 공동체에서 가장 중요한 것은 목회자의 의도입니다. 목회 비전이라고 표현하지요. 많은 목회자가 목회 비전이란 이름으로 틀을 만들어 놓고 그 일에 교인들이 열성을 가지고 참여를 하도록 독려합니다. 하지만 그 참여가 대부분은 수동적이고 폐쇄적입니다. 더 큰 시너지를 만들어내는 능동성이 결여되어 있습니다.

그런데 최근에 몇몇 교회에서는 소그룹을 조직할 때 리더(속장, 구역장)의 자발성과 책임성을 강조하기 시작했습니다. 리더가 일정 부분 혹은 전적으로 소그룹을 모집하고 조직합니다. 잘 발전시켜야 할 긍정적인 시도라고 생각합니다. 이보다 더 적극적인 교회도 있습니다. 교인들이 스스로 사역을 찾아내고 활동하는 것입니다. 일산의 한 교회에서는 요즘 우리 사회의 큰 이슈인 자살 문제에 관심을 가진 교인 5명이 '라이프 호프' 사역을 시작하기로 뜻을 모았습니다. 자살 예방을 위한 모임 명칭과 구성원, 앞으로의 활동 계획을 교회 선교부서에 제출했고, 교회에서는 이를 잘 수행하도록 적극적으로 도왔습니다. 이 그룹의 사역은 매우 활발해져서 고양 시청과 교회 이름으로 협약을 맺고 활동할 정도로 발전했습니다.

이 일이 가능했던 것은 교회가 이 소그룹뿐 아니라 모든 교인에게 자신들의 관심 영역에서 하나님의 일을 할 수 있도록 자발성을 보장해 준 결과입니다. 많은 그룹이 생겨나 눈부신 활동을 하게 되었습니다. 스스로 할 수 있는 일을 찾아냈더니 일의 흥미는 물론이고 덤으로 공동체에 풍성한 열매를 가져왔습니다. 물론 교회에서는 소그룹 활동을 위한 최소한의 가이드 라인을 마련해놓았지요.

지금껏 교회는 목회란 이름으로 빈틈없이 세워진 계획을 실행하는 데에만 몰두해 왔습니다. 의도하지는 않았지만 '하나님의 백성 안에서', '하나님의 백성과 함께' 신명 나게 일하기를 원하시는 하나님의 자유를 인간의 계획과 틀을 앞세워 제한해 온 셈입니다. 정해진 틀을 고집하며 눈을 질끈 감아보지 못해왔던 성경의 오래된 미래를 이제는 밝히 보아야 할 때가 되었습니다.

15.

평생 감독제로 감리교회를 구원하자

감리교회의 개혁은 우상숭배에 빠진 교회가 구원받는 길을 찾는 것입니다. 가장 큰 우상숭배는 목회자들의 교권욕입니다. 이 교권욕을 근원적으로 차단할 수 있을까요? 현재로서는 어떤 제도개혁을 해도 차단할 수 없어 보입니다. 지금껏 논의되어 온 제도개혁의 틀과 내용을 살펴보면 예상할 수 있습니다. 교회의 영적 풍토는 개혁이란 명분 앞에 잠시 주춤하겠지만, 예전과 똑같은 모습을 띨 것입니다. 결국, 교권을 쟁취하려는 우상숭배의 아우성은 그치지 않을 것입니다. 그렇다면 교권 우상숭배를 차단하는 길은 무엇일까요? 평생 감독제가 그 하나의 답이 될 수 있을 것입니다.

평생 감독제라니, 무슨 뜬금없는 이야기냐 하시는 분들이 많을 것입니다. 압니다. 저도 지금 이 문제가 가장 시급한 논의과제가 될 수 없다는 것을 말입니다. 게다가 감리교 개혁을 논하면서 아예 감독제도나 감독 회장제도를 없애자고 하는 분들도 많은데 감독, 그것도 평생 감독제를 이야기하니 공감하지 못하겠다는 분들이 있을 것입니다. 그럼에도 불구하고 감리교회를 진정으로 개혁하는 가장 유용한 길은 평생 감독제라는 생각을 지울 수 없습니다.

평생 감독제가 감리교회를 새롭게 하는 대안일 수밖에 없는 이유가 있습니다. 평생 감독제는 거칠지만 우선 다음과 같은 내용을 갖습니다.

첫째, 감독은 감리교회를 대표하는 1인을 둔다. 이 감독이 평생 감독이다. 둘째, 연회 감독을 폐지하고 연회장 제도로 전환한다. 연회장은 제비뽑기로 선출한다. 셋째, 평생 감독의 임기는 감독으로 선출된 후 70세 은퇴할 때까지로 한다.

평생 감독의 선출, 지위, 권한, 의무, 대우 등의 문제는 더욱 섬세한 논의 과정을 거쳐 합의할 수 있을 것입니다. 평생 감독을 제안하는 전제 조건이 있습니다. 평생 감독은 감리교회의 영적 권위자이며, 지도자로 자리매김해야 합니다. 그러기 위해서는 현재 감독회장이 가진 강한 권력은 완전히 분산하고 배분해야 합니다. 경제적 대우는 감리교 평균 목회자의 평균 생활 수준을 약간 상회하는 선에서 합의된 안을 만들어야 합니다. 가장 큰 명예를 소박한 삶의 수준을 통해서 실현하자는 것입니다. 그럴 때 영적 권위가 자리 잡을 수 있을 것입니다. 이와 같은 내용의 평생 감독제가 제도화된다면 세속적인 관점에서 감독의 메리트는 크게 사라질 것입니다.

감리교회가 '평생 감독제'를 받아들인다면 다음과 같은 유익이 있을 것입니다.

첫째, 교회는 급속히 안정되고 건강해질 것입니다. 목사들이 감독직에 대한 미련에서 해방될 것이기 때문입니다. 또한, 과도하게 정치 진영으로 세력화되어 있는 감리교회가 해방될 것이기 때문입니다. 연회원 20년 이상 된 이로 평생 감독의 자격을 규정한다면 50대 감독이 등장하여 최소 10년, 혹은 20년까지도 감독직을 수행할 수 있습니다.

그렇게 되면 모든 목회자, 특히 건강한 지도력을 발휘할 중진 목회자들은 건강한 교회, 세상을 섬기는 교회를 위해 진력할 것입니다. 평신도 지도자들 역시 교회 본연의 임무인 전도와 선교, 봉사와 사랑의 나눔에 최선을 다할 것입니다. 그리고 선거를 위해 사용되던 막대한 교회 재정이 선교와 봉사를 위해 제대로 쓰이게 될 것입니다. 건강한 교회의 회복, 생각만 해도 신나는 일입니다.

둘째, 교회의 공교회성을 회복하게 될 것입니다. 한국교회 추락의 뿌리에는 성장주의로 상징되는 개교회주의가 있습니다. 그리스도의 몸인 형제교회, 우주적 교회의 일치는 사라지고 말았습니다. 오직 내 교회만이 최고입니다. 그나마 감리교회만이 공교회성의 희미한 추억을 갖고 있습니다. 감독제의 그림자 덕분입니다. 평생 감독제는 교회의 공교회성을 회복시키는 양약이 될 수 있습니다. 평생 감독제는 감리교회를 위해서 뿐 아니라 한국교회의 공교회성 회복을 위해서도 절실히 요청되고 있습니다.

셋째, 감리교회는 한국 개신교회를 통합하고 선도하는 교회가 될 것입니다. 한국 개신교회의 대사회적인 영향력은 땅바닥에 추락하고 말았습니다. 한국교회의 대표성은 실종되고 말았습니다. 누가 한국 개신교회를 추스르고 이끌어 갈 수 있겠습니까. 감리교회의 감독이 10년, 20년 감독직을 수행한다면 감리교회의 감독은 자연스레 한국 개신교회를 대표하는 위상을 갖게 될 것입니다. 더 나아가 감독은 한국 사회에 영향력을 발휘하는 명실상부한 지도자가 될 것입니다. 평생 감독직은 감리교회뿐 아니라 한국 개신교회에도 복음이 될 것입니다.

넷째, 교회에 영적 권위와 질서가 자리 잡게 될 것입니다. 권위주의는 배격해야 하지만 진정한 권위는 필요합니다. 감독직을 꿈꾸는 고만고만한 목회자들과 고만고만한 교회들의 감독 세우기 프로젝트가 멈추는 날, 비로소 감리교회는 교회다워질 것입니다. 그래야 교회는 세상을 향한 하나님의 희망이 될 것입니다. 세상을 향해 대화하는 진정한 복음의 능력을 갖추는 교회로 거듭나게 될 것입니다.

현재의 감독제는 감독직에 대한 세속적 욕망을 한껏 부추기는 제도입니다. 목회자의 욕망을 비전이란 이름으로 교묘하게 내재화

시켜 왔습니다. 이와 같은 욕망을 제어할 수 있을까요? 지금껏 논의되어 온 제도개혁으로는 거의 불가능해 보입니다. 이미 감리교회 목회자들이 품고 있는 욕망의 크기는 임계점을 넘어섰습니다. 침몰 직전입니다. 그래서 저는 간절히 기도합니다. '평생 감독제로 감리교회를 구원해 주소서!'

16.

생활영성, 생활신앙

태백의 예수원Jesus Abbey이 설립 50주년을 맞이했습니다. 한국교회에서 영성과 공동체라는 말은 교회와는 별로 상관이 없는 낯선 단어로 여겨져 왔습니다. 한국교회가 자랑해온 '비약적 성장'이란 말에 비춰보면 더욱 그렇습니다. 영성은 교회 성장을 장식하는 보조물쯤으로 취급되었던 것이지요. 이런 한국의 주류 개신교회 환경 속에서 이질적으로 보이는 예수원이 설립 50주년을 맞은 것은 정말 뜻깊습니다.

예수원 설립자는 성공회 사제였던 대천덕 신부입니다. 1965년 강원도 태백시 하사미동에 위치한 해발 1,077m 덕항산 자락 깊은 골짜기에 대천덕 신부를 위시한 몇 명의 사람들이 찾아들었습니다. 대천덕 신부의 가족들과 성미가엘 신학원 학생들, 항동교회 신자들과 건축 노동자 형제자매들이 그들이었습니다. 이들은 그곳에 터를 닦고 기도하면서 군용천막을 세웠습니다. 예수원이 시작된 것입니다. 예수원이 영성 운동의 한 흐름을 형성할 수 있었던 데는 대천덕 신부가 가졌던 영성의 깊이가 크게 작용을 했습니다. 그리고 한국에서는 아주 작은 교단이지만 네트워크가 견고한 성공회라는 교단적 배경도 일정 부분 작용을 했을 것입니다.

예수원의 기본 일과는 설립 초기부터 지금까지 변함이 없습니다. "노동이 기도요, 기도가 노동"이라는 성 베네딕트의 가르침에 근거하여 하루 세 차례씩 예배를 드리고 노동을 하는 것입니다. 노동과 함께 하루 세 번 드리는 삼종기도 및 예배를 조도, 대도, 만도라고 합니다. 삼종을 전후하여 식사합니다. 식사는 삼종을 드리는 장소에서 공동체 식구들이 다 함께 나누어 먹습니다. 그러니까 노동과 기도, 식사가 따로 떨어진 게 아니라 하나인 것입니다. 일과 후에는 소침묵과 대침묵의 시간을 갖습니다. 예수원의 외형은 영락없이 수도원 전통에 서 있습니다. 한국교회에서는 좀처럼 찾아보기 힘든 모습입니다.

예수원이 그동안 개신교회가 잃어버렸던 수도원적인 전통과 내용을 보존해 온 것은 의미 있는 일입니다. 하지만 한국교회가 태백 예수원 영성 운동을 주목해야 하는 더 깊은 이유가 있습니다. 생활영성 때문입니다. 예수원의 설립 목적을 보면 노동과 기도가 일치되는 삶을 추구하여 기도의 실제적인 능력을 시험한다고 되어 있습니다. '기도의 능력을 시험하다니!', 대단한 믿음의 선언이 아닐 수 없습니다.

예수원은 이를 '신자 생활의 세 가지 실험'이라고 합니다. 그 세 가지 실험은, 첫째는 하나님과 개인의 인격적인 관계를 말합니다. 두 번째는 기독교 공동체 안에서의 신자 상호 간의 관계를 말합니다. 세 번째는 기독교 공동체와 비기독교적인 사회와의 관계를 실험하고 검증하며 연구해보는 것을 말합니다. 이 세 가지 실험은 곧 기도와 코이노니아와 선교의 영역입니다. 결국, 기도하는 그리스도인의 삶은 진실된 생활신앙으로 발전해 나가는 것입니다. 하나님과의 관계로부터 시작하여 공동체를 거쳐 세상 속으로 들어가 실천하는, 기도와 삶이 일치된 능력 있는 믿음으로 그 모습을 드러내는 것입니다.

오늘 한국교회의 무기력은 생활신앙을 종교 생활로 바꿔버린 타락에서 온 것입니다. 어떻게 하면 생활신앙의 능력을 회복할 수 있을까요. '삶(노동)과 기도가 일치'되는 데서 길을 찾습니다. 영성은 하나님을 만난 흔적입니다. 영적 근육을 갖는 일입니다. 이 과제를 기도의 능력을 용기 있게 실험하는 데서 찾아온 예수원의 노력은, 사실대로 말하자면 기독교 공동체에게는 '오래된 미래'입니다. 그렇다고 이 평범한 진리를 50년간 신실하게 실험해 온 예수원의 영적 공헌이 약화되는 것은 아닙니다. 오히려 예수원의 생활영성을 교회 공동체마다 어떻게 하면 제대로 살려낼 수 있을까를 고민할 때 한국교회의 메마른 영적 근육은 다시 살아날 수 있을 것입니다.

17.

이슬람과 한국 기독교

이슬람이 진격해온다는 말이 실감 나는 때입니다. 2015년 현재, 한국의 무슬림은 약 14만 명 정도로 추산됩니다. 이주 노동자가 10만 명, 한국인 신도가 4만 명 정도입니다. 앞으로 10년 후면 무슬림이 얼마나 될까요. 100만 명까지도 불어날 수 있다고 예측을 합니다. 이 추정치에는 이슬람에 대한 두려움이 배어있습니다. 그래서 묻습니다. 오늘 우리에게 이슬람은 무엇일까요? 특히나 IS가 연일 그 무자비함으로 세계를 충격에 빠뜨리는 상황에서 말입니다.

한국 사회에서 이슬람은 거의 관심 밖이었습니다. 기껏해야 중동 건설이나 석유 자본이 이슬람 사회를 빼꼼히 들여다보는 인식의 창이었습니다. 빈발하는 이스라엘과 팔레스타인의 충돌도 먼 나라 이야기였습니다. 하지만 9.11테러와 샘물교회 김선일 씨의 희생은 우리 사회에 이슬람 극단주의에 대한 엄청난 충격을 안겨주었습니다. 게다가 2015년 벽두에 극단주의 테러조직인 IS에 김 모 군이 자발적으로 입단하는 사태까지 일어났습니다. 그 와중에 한국의 무슬림들은 '우리는 평화주의자'라며 거리행진을 벌였습니다. 낯설기만 한 이슬람이 어느새 일상으로 성큼 들어오고 있습니다. 지금 우리는 이슬람에 대한 새로운 인식의 전환점에 서 있습니다.

'이슬람은 곧 극단주의' 일 것이라는 생각은 풀리지 않는 의문입니다. 이슬람을 전공한 여러 학자는 이슬람의 바탕은 평화주의라고 말합니다. 특히 진보진영은 이슬람이 폭력적 극단주의에 빠지게 된 역사적 배경을 살펴보고 이들을 관용해야 한다고 말합니다. 그럼에도 이슬람은 언제든지 극단주의에 빠질 수 있다든지, 이슬람은 애초에 극단주의를 배태하고 있다는 의심이 사람들의 마음에 자리잡고 있습니다. 이는 종교적, 문화적 두려움이기도 합니다.

기독교가 이슬람에 대해 갖는 우려감의 근원에는 이슬람권의 종교자유 문제가 있습니다. 이슬람권은 전 세계 57개 국가, 15억 명이나 되는 인구를 갖고 있습니다. 가장 영향력이 큰 종교 세력 가운데 하나입니다. 하지만 이들 이슬람 나라 가운데 터키 등 한두 나라를 제외하고는 대부분 종교자유를 인정하지 않습니다. 더군다나 온건주의 무슬림들조차 '반민주적, 반인륜적 이슬람 전통에 대단히 호의적'이라는 설문 조사 결과 앞에서는 이런 우려가 더욱 커질 수 밖에 없습니다. 여기에는 명예 살인이나, 다른 종교로의 개종에 대한 잔혹한 처벌 등이 포함되어 있습니다.

지금껏 이슬람에 대한 기독교의 관심은 열정을 가진 선교 단체의 전유물처럼 여겨졌습니다. 그러니 한국 기독교가 이슬람에 대해 제대로 배우지 못한 것은 당연합니다. 늦었지만 이슬람을 배워야 합니다. 그런데 기독교계에서는 누구는 이슬람 전파자이고, 누구에게는 배워서는 안 된다는 단정적인 이야기들이 흘러나옵니다. 짙게 드리워진 기독교 근본주의의 그림자를 봅니다. 물론 무슬림이나 친무슬림 인사에 대한 경계는 필요합니다. 하지만 한국 기독교의 접근 자세는 근본주의가 아니라 합리적이고 복음적이어야 합니다. 이슬람 극단주의(근본주의)에 대응하기 위해 기독교 근본주의가 작동한다면 이 또한 위험한 일입니다.

〈샤를리 에브도〉 테러 이후 소설가 장정일이 말했더군요. '더 이상 이슬람은 서구를 향해 자신들이 약자라고 징징거리지 말아야 한다고. 오히려 세계화와 세속화에 직면해 점점 더 증가하는 풍자와 조롱을 마주할 수 있어야 할 것이라고. 오늘 이슬람과 맞서는 세계는 이슬람을 '어른' 취급해야지 '아이' 취급해서는 안 된다고.'

기독교 역시 마찬가지입니다. 우리 자신이 어른스러워야 이슬람을 어른스럽게 대할 수 있을 것입니다. 한국 기독교가 하루속히 이슬람을 제대로 학습해야만 하는 이유입니다. 이슬람에 대해 걱정 하나를 덧붙입니다. '이렇듯 극단적 근본주의에 끝없이 휘둘리다가는 머지않아 그들의 소프트파워(종교)의 힘을 다 갉아먹게 되지 않을까?' 이는 기독교라고 예외일 수 없는 문제입니다.

18.

힘내라 산돌학교!

20년 전에 감리교 대안학교인 산돌학교가 세워졌습니다. 개신교 유일의 종립대안학교이지요. 학생과 선생이 함께 자라는 상생교육을 기치로 생명을 살리는 사람을 세우기 위해 한 걸음씩 걸어온 길이 10년이 된 것입니다. 산돌학교의 발자취는 만만치가 않습니다. 전국에 대안학교가 240여 개입니다. 그중에서 산돌학교는 학생들이 가장 입학하고 싶어 하는 학교 가운데 하나로 손꼽힙니다. 안정적인 학습 환경과 교사들의 헌신, 학생들의 창의적인 학교생활 등이 어우러진 결과일 것입니다. 그러나 무엇보다도 감리교 종립학교라는 든든한 배경이 그 바탕이 되었습니다.

한국 기독교는 선교 초기부터 교육과 의료, 그리고 민족주의 신앙 활동에 주력해왔습니다. 그 모습은 감리교회에서 더욱 두드러지는데 이런 활동을 바탕으로 기독교는 민족의 삶 한가운데로 깊이 뿌리내릴 수 있었습니다. 그런 의미에서 산돌학교는 한국 기독교의 역사적 전통을 오늘에 되살리고 있는 매우 소중한 교육 기관입니다.

오늘 대한민국에서 가장 중요하고도 심각한 문제는 교육문제입니다. 서울 강남의 영향력은 좋은 학군 때문에 생겼다고 합니다. 물론 과장되었지요. 학군 하나만 가지고 강남이 갖고 있는 우월적인 영향력을 다 설명할 수는 없습니다. 하지만 상징적인 의미는 충분할 것입니다. 한때 서울 강북권에서도 좋은 학교(특목고)를 유치하기 위해 많은 노력을 기울였습니다. 노력에 비해 결과는 신통치 않았지만 말입니다. 이런 발상은 교육을 철저하게 부와 사회적 영향력을 확보하는 수단으로 여기는 데서 나온 것입니다.

우리 교육의 난맥상은 지나친 경쟁과 탐욕 때문에 생겨난 문제입니다. 교육 현장을 들여다보면 생명과 평화, 사랑과 협력, 인권 등의 본질적인 가치를 이야기합니다. 하지만 실제로는 다릅니다. 그것은 얼마든지 유보될 수 있다고 여기고, 또 그렇게 가르칩니다. 결국, 인간답게 사는 가장 본질적인 가치들을 뒤로 미루어도 된다는 것을 인정해온 것입니다. 우리 사회는 자신의 탐욕을 끊임없이 합리화하는 사회적 책임감이 박약한 사람을 배출하는 시스템을 교육이란 이름으로 구축해 왔습니다.

뿐만 아니라 교육 현장을 놓고 벌여온 수많은 논쟁 중에서도 상당수가 자신의 이익을 교묘하게 숨긴 거짓 논쟁들이었습니다. 사도행전 19장에 나오는 데메드리오는 복음 때문에 자신의 이익에 큰 타격을 입게 되자 에베소 시민들을 선동합니다. 아데미 신을 섬기는 일이 얼마나 영광스러운지를 강조합니다. 결국, 데메드리오의 거짓 선동에 넘어간 에베소 시민들은 소요를 일으킵니다. 오늘도 거짓 지도자들이 자신의 진짜 이익을 뒤로 감춘 채 사람들을 교묘하게 선동합니다. 교육 현장을 자신의 이익에 종속시키려는 시도는 그 어떤 경우에도 배척되어야 합니다. 경쟁과 탐욕을 부추기는 낡은 교육으로는 우리의 미래를 열 수 없습니다. 우리의 교육이 선동과 거짓 이념에 휘둘리지 않고 생명과 평화, 사랑과 협력의 참된 가치관으로 가득해질 때만 우리는 비로소 희망을 말할 수 있습니다.

산돌학교가 걸어온 20년은 우리 교육의 패러다임을 새롭게 바꿔놓는 작은 발걸음이었습니다. 뒤뚱거리며 힘겹게 걷는 듯했는데 어느새 20년이 되었습니다. 화려한 주목을 받지 않고서 이만큼 걸어온 산돌학교가 대견스럽습니다. 산돌학교가 감리교회는 물론, 개신교회 교육의 역사적 자산을 이어가는 한국교회의 자부심으로 우뚝 서기를 희망하면서 산돌학교에 힘찬 응원을 보냅니다. "힘내라, 산돌학교!"

19.

이름

성공회 서울대교구 사무실에 들렀다가 성공회에서 발간한 대림절 묵상집과 사순절 묵상집을 한 권씩 얻었습니다. 간결하고도 은혜로운 내용이 마음에 깊이 와닿았습니다. 그런데 묵상집에는 집필한 사람들의 이름이 나오질 않았습니다. 필자 이름이 없다고 했더니 원래 성공회에서는 집필한 신부들의 이름을 싣지 않는다는 것이었습니다. 절기 묵상집만 그런 게 아니라 월간「생활과 묵상」큐티집도 그랬습니다. 개인의 이름이 아니라 성공회 공동체의 영적 건강과 생명을 증진하기 위해 발간된 묵상집, 너무나 당연한 일인데 신선했습니다.

오늘 한국교회는 세상 사람들이 살아가는 방식과 거의 다를 바 없는 삶의 방식을 고수합니다. 자신의 이름을 내기 위해 온갖 노력을 기울이는 한국교회 목회자들의 모습이 특히 그렇습니다. 마치 창세기 11장에 나오는 바벨탑 이야기의 주인공과 너무나 닮았습니다. 바벨탑을 쌓던 사람들은 이렇게 외치지요. "성읍과 탑을 건설하여 그 탑 꼭대기를 하늘에 닿게 하여 우리 이름을 내고 온 지면에 흩어짐을 면하자"(4절).

유대인 철학자 필로Philo는 당시 사람들은 실제로 벽돌에다가 자신들의 이름을 새겼다고 말합니다. 벽돌에 이름을 새겨 구움으로써 자신들을 영원히 기억하게 하려고 했던 것입니다. '이름을 떨치라, 그러면 흩어짐을 면하리라'라는 불멸 사상에 사로잡혔던 것입니다. 하지만 인간이 의도했던 것과는 정반대의 비극적 결과가 나타나고 말았습니다. 인간의 의도를 악하게 보신 하나님께서 그들을 온 지면에 흩으신 까닭입니다. 자신의 이름을 떨치려고 탑을 쌓는 행위를 악하게 보셨던 그 하나님이 지금은 어떠실까요?

성경은 이름과 관련된 또 하나의 의미심장한 이야기를 들려줍니다. 개명입니다. 하나님을 만난 성경의 중요한 인물들은 그 이름이 바뀌었습니다. 아브람은 아브라함이 되었고, 사래는 사라가 되었습니다. 구약에 나타나는 개명의 정점에는 야곱이 있습니다. 야곱은 하나님과 겨루고 난 후에 이스라엘이란 새 이름을 얻었습니다. 신약에 나타나는 개명의 의미는 더욱 선명합니다. 베드로가 된 시몬은 어떻습니까. 특히 바울이 된 사울이야 더 말할 것도 없지요.

히브리인들은 이름을 아주 중요하게 생각했습니다. 히브리식 사고방식에서 이름이란 그 이름을 지닌 인격체의 본질 및 활동과 깊은 연관이 있다고 합니다. 야곱과 바울은 이름이 바뀌기 전까지는 오로지 자신의 이름을 내는 일에만 관심을 기울였던 사람들입니다. 하지만 이름이 바뀐 다음에는 삶이 바뀌었습니다. 자기 자신이 아니라, 하나님이 주인이 되는 삶으로 말입니다. 이름이 바뀐 바울은 그 이름대로 주님 앞에서 가장 낮은 자로 일관되게 헌신하는 삶을 살았습니다.

바벨탑에서 시작된 이름 이야기는 안디옥에서 예수의 사람들이 얻은 '그리스도인'이라는 이름으로 수렴됩니다. 지금껏 '지극히 개별적인 삶'unique을 삶을 살던 사람들이 '그리스도인'이 되었습니다. 자신의 이름을 떨쳐야만 인생을 제대로 산다고 생각하던 사람들이 새로운 삶의 방식을 가진 사람이 되었습니다. 자신의 이름이 아니라, 그리스도의 이름을 생각하는 사람들. 지금껏 인류가 걸어본 적이 없는 하나님의 새로운 나라를 위해 살아가는 하나님의 사람들이 등장한 것입니다.

우리의 새로운 이름은 '그리스도인'입니다. 그리스도인이란 그 이름을 유지하기 위해 끊임없이 유혹과 맞서 싸우는 사람을 말합니다. 그런데 자신의 이름을 떨치려는 이 오래되고도 집요한 유혹에서 벗어나지 못한다면 바벨탑의 비극은 결코 먼 옛날의 이야기가 아니라 오늘 우리의 이야기가 될지도 모릅니다.

20.

랜드 마크 Land Mark

랜드 마크의 사전적 의미는 '멀리서 보고 위치 파악에 도움이 되는, 두드러지게 눈에 띄기 쉬운 대형 건물'로 정의됩니다. 유럽의 오래된 도시들은 도시 설계를 하면서 도시 중앙에 광장을 만들었습니다. 온 도시는 광장으로 연결되었습니다. 광장에는 성당이나 시청 같은 공공건물이 자리했습니다. 자연스레 성당이나 시청사는 그 도시의 랜드마크가 되었습니다. 랜드마크는 도시의 자부심이며 공동체성을 확인해주는 표상이었던 것입니다. 요즈음 랜드마크에 대한 관심이 부쩍 높아졌습니다. 우리가 살고 있는 삶의 공간에 대한 진지한 인문학적인 물음이 깊어진 까닭이라고 생각합니다.

우리는 수많은 랜드 마크를 인식하면서 살아갑니다. 파리는 에펠탑, 뉴욕은 자유의 여신상, 워싱턴은 기념탑, 시드니는 오페라 하우스를 떠올리지 않습니까. 이렇듯 세계적인 명성을 얻은 랜드 마크는 아니어도 우리 주변에도 랜드 마크는 있습니다. 이를테면 삼성동은 무역회관이나 코엑스가 연상되고, 잠실은 롯데월드가 연상되는 것이지요. 어렸을 적에는 명동은 코스모스 백화점을 떠올릴 정도로 코스모스는 명동을 상징하는 랜드 마크였습니다. 하지만 랜드 마크가 가진, 도시에 생명력을 불어넣는 소통을 생각한다면 우리 삶의 공간에는 진정한 의미의 랜드 마크를 찾아볼 수 없다는 아쉬움이 큽니다.

건축계에서는 랜드 마크를 얘기할 때 항상 두 가지 효과를 거론합니다. 첫 번째는 '에펠탑 효과'입니다. 320.75m 높이의 에펠탑이 1889년에 처음 파리에 세워졌을 때 거의 모든 사람은 흉물스럽다고 에펠탑을 비판했습니다. 에펠탑은 오랫동안 유서 깊은 파리의 아름다움을 망치는 주범처럼 여겨졌습니다. 그런데 이후에 두 차례 세계대전을 겪으면서 독일 침공을 이겨내고 파리 시민들과 동고동락을 한 상징적인 건축물이 되었습니다. 에펠탑은 파리를 뛰어넘어 프랑스를 상징하는 랜드 마크로 자리 잡게 된 것입니다. 그래서 어떤 건축물을 보고 처음에는 보기 싫다고 비판하지만, 오랫동안 함께하면서 좋아지게 되는 현상을 '에펠탑 효과'라고 말하게 되었습니다.

또 하나는 '빌바오 효과'입니다. '빌바오 효과'는 특정 건축물을 특정 목적을 가지고 세워서 얻는 효과를 말할 때 사용하는 용어입니다. 스페인의 빌바오는 철강업과 조선업으로 유명한 도시였습니다. 그런데 1980년대 들어 철강 산업이 침체하면서 도시 전체가 활력을 잃고 침체하였습니다. 이를 고민하던 빌바오는 문화 산업으로 도시를 활성화할 계획을 세웠습니다. 때마침 유럽에 진출하려던 뉴욕의 구겐하임 미술관의 분관을 적극적으로 빌바오에 유치했습니다. 시 당국은 대대적으로 '빌바오 구겐하임 미술관' 건축에 투자했습니다. 마침내 빌바오에 새로운 문화적 명물이 등장하게 된 것입니다. 효과는 놀라웠습니다. 주변에 문화 시설이 잇따라 들어섰고 빌바오는 국제적인 문화 공간이라는 명성을 얻게 되었습니다. 그 후 엄청난 관광 수입을 올리게 된 것은 물론입니다. 에펠탑 효과와 빌바오 효과, 두 사례는 공히 소통과 상호작용이 랜드 마크의 힘을 극대화한다는 것을 보여줍니다.

제가 시무하는 전농교회 예배당은 입당한 지 얼마 안 되는 새 건물입니다. 사람들이 참 아름다운 건축물이라고 말합니다. 보는 각도에 따라 때론 친근하게, 때론 위엄 있게 보입니다. 혹은 소박하게, 혹은 세련되게도 보입니다. 어떤 분은 건물을 자세히 살펴보고 싶다며 일부러 들어와 보기도 합니다. 주변의 이런 반응을 보면서 교회 예배당이 지역의 랜드 마크가 될 수 있다면 참 좋겠다는 생각을 가져봅니다. 하지만 랜드 마크가 된다는 것은 단순히 건물의 아름다움만 가지고 되는 것은 아닙니다. 얼마나 많은 사람과 소통을 이뤄내고 있느냐, 상호작용이 얼마나 활발하냐가 관건일 것입니다. 교회 건물이 지역 주민들에게 항상 열려있어서 주민들의 참여를 수용하는 공유의 장이 될 때만 가능한 것이지요. 활발한 소통을 통해 필자의 교회뿐 아니라 이 땅의 수많은 예배당이 지역의 랜드 마크로 자리매김할 수 있기를 꿈꿔 봅니다.

21.

베들레헴 채플과 얀 후스

프라하는 세계인들이 가장 사랑하는 도시 가운데 하나입니다. 프라하의 보석이라고 불리는 카를교에는 관광객들의 물결로 오후에는 주변 경관을 돌아보기가 어려울 만큼 사람들로 붐빕니다. 구 시청사 광장으로 알려진 얀 후스 광장 역시 비슷합니다. 프라하에 이렇듯 사람들이 몰리는 것은 아름답고 고색창연한 중세의 유산이 고스란히 남아 있기 때문입니다. 확실히 프라하는 낭만적입니다. 프라하가 낭만적인 데는 프라하를 떠받치고 있는 수많은 이야기가 지금도 계속 이어지고 있기 때문입니다. 사람들의 마음에 감춰졌던 사랑과 삶의 근원을 불타오르게 하는 특별한 매력이 도시에 가득합니다.

오늘의 프라하를 이루고 있는 수많은 이야기의 원류를 거슬러 올라가면 카를 4세를 만나게 됩니다. 도시의 기초와 윤곽은 카를 4세를 통해 그 모습을 드러냈고 사람들이 사랑하는 프라하가 탄생했습니다. 프라하 이야기는 곧 카를 4세 이야기라고 할 수 있지요.

이렇듯 카를 4세와 프라하를 연결 짓는 것은 당연한 일입니다.

그런데 이 당연함에 반드시 포함되어야 할 또 한 사람이 있습니다. 종교개혁의 선구자 얀 후스(1371-1415)입니다. 얀 후스의 종교개혁은 독일의 마틴 루터보다 100년이나 앞선 것이었습니다. 그는 로마 가톨릭의 부패와 맞서 싸우면서 라틴어 성경을 체코어로 번역했고, 보헤미아 민중들에게 성서가 일러주는 진정한 신앙의 길을 제시했습니다. 그의 종교개혁은 성배로 상징되기도 합니다. 당시 로마 가톨릭이 금하였던 포도주를 민중들에게도 직접 분급했기 때문입니다. 하지만 그는 콘스탄츠 공의회의 판결로 화형을 당하고 말았습니다.

그런데 놀라운 일이 생겼습니다. 602년 전, 얀 후스가 화형을 당한 후에 얀 후스의 종교개혁 정신을 이어받은 민중들과 귀족들이 로마 가톨릭에 대항하여 15년간이나 후스 전쟁을 벌인 것입니다. 후스파라 불리었던 이들은 타보르Tabor를 근거지로 보헤미아 지역을 장악하였습니다. 그리고 90여 년 동안이나 가톨릭과 세력 균형을 이루면서 후스의 개혁신앙을 이어갔습니다. 마틴 루터의 종교개혁 운동도 얀 후스로부터 영향을 적지 않게 받았습니다.

이렇듯 얀 후스의 개혁 운동이 개인의 신앙 운동으로 끝나지 않은 까닭이 있습니다. 베들레헴 채플 때문입니다. 베들레헴 채플에는 회중이 3천 명이나 모였습니다. 채플에서는 당시 카를대학에서만 논의되던 새로운 신앙 사상들이 민중들에게 곧바로 전해져 큰 영향을 발휘했습니다. 개혁신앙을 대중적으로 잘 설명한 얀 후스의 설교 덕분이었지요. 보헤미아에 깊이 뿌리내린 얀 후스의 개혁신앙의 영향력은 베들레헴 채플에서 13년 동안이나 계속된 설교와 목회에서 비롯된 것입니다.

프라하 광장 중심에는 조각가 '리디슬라프 샬로운'이 만든 얀 후스의 동상Jan Hus Monument이 광장 전체를 아우르며 서 있습니다. 그러나 프라하를 방문하는 수많은 방문객은 얀 후스의 동상을 보면서도 얀 후스 없는 프라하의 낭만과 아름다움만을 이야기합니다. 어찌 보면 이와 같은 모습은 당연합니다. 체코인들조차 얀 후스에 대한 재평가를 그가 순교 당한 지 500주년이 되던 1915년에 이르러서야 하기 시작했으니까요. 얀 후스 순교 500주년 기념 동상이 계기가 되었다고도 할 수 있습니다.

'리디슬라프 샬로운'이 만든 얀 후스 순교 동상은 얀 후스 개혁신앙의 역사성을 힘차게 표현하고 있습니다. 그가 제시한 동상의 중요한 모티프는 2개입니다. 하나는 후스 전쟁을 수행하다가 추방당한 전사들을 승리자로 표현한 것입니다. 이들은 역사 속에서 추방당한 자로 패배자들이었습니다. 하지만 후스 전쟁의 전사들을 승리자로 자리매김했습니다. 또 다른 모티프는 젊은 엄마가 아기를 안고 있는 모습입니다. 엄마 품에 안긴 아기는 얀 후스가 가져온 새로운 세상이 열리고 있음을 형상화한 것입니다.

1915년, 광장에 얀 후스의 조형물이 세워진 이래 동상은 낡은 체제와 압제에 반대하는 저항의 상징이 되어 체코 역사 속에서 호흡을 함께 해 왔습니다. 얀 후스를 형상화한 조형물은 100년의 세월이 흐르면서 어느덧 광장의 표정이 되었습니다. 동상에는 베들레헴 채플의 정취가 고스란히 담겨 있는 듯합니다. 동상 앞에서 물음을 던져봅니다. '베들레헴 채플의 그 열광과 떨림의 이야기가 내 안에도 과연 존재하는지, 그리고 개혁을 이어가는 진실한 개신교인으로 잘살아가고 있는지!'

22.

왕과 영주

여러 해 전에 한 헌법학자는 민주화를 이룩한 한 세대의 정치인들을 향해 '왕과 영주'라는 말로 신랄하게 질타한 적이 있습니다. 왕이 되려는 꿈을 접고 영주가 되는 것에 안주했다고 말입니다. 영주는 왕에게 받은 봉토가 있고, 자신에게 속한 농노도 있습니다. 일정한 조건을 가지고 왕과 교섭도 할 수 있습니다. 그런대로 살만합니다. 왕이 되는 길과 영주로 사는 길 중에 어느 길이 편안하고 이익이 많을까요. 당연히 영주로 사는 길입니다. 그래서 왕이 되기를 포기하고 영주처럼 생각하고, 영주처럼 행동한다는 것입니다. 더 이상 혁신은 없습니다. 이처럼 신랄한 질타를 받은 정치인들이지만 시간이 흘러도 달라진 게 없어 보입니다. 오히려 더 악화되었습니다. 이렇듯 왕이 되기를 포기한 사람들에게는 미래가 없습니다.

왕이 되길 포기한 영주 이야기는 정치인에게만 국한된 이야기가 아닙니다. 오늘 한국교회의 상황을 또렷하게 보여주는 그림이기도 합니다. 예수는 이 땅에 왕으로 오셨습니다. 그리고 우리를 왕으로 불러주셨습니다. 성경은 예수를 따르는 우리에게 '왕 같은 제사장'이라고 그 신분을 명시합니다. 그런데 우리는 하나님 나라의 왕이 되기보다는 땅에서 영주로 사는 것에 너무 익숙해져 있습니다. 사실 왕이라는 말, 생각하면 엄청난 말이지요. 그래서인가요, 많은 그리스도인이 자신이 왕이라는 것을 실감하지 못하고 살아갑니다. 그저 지금 당장 잘 되는 것, 높아지는 것, 성공하는 것에만 집중합니다. 땅의 문제에 사로잡혀 하늘을 잃어버리고 말았습니다. 이런 신앙이 왕이 되기를 포기하고 영주로 사는 신앙입니다.

한국교회가 겪고 있는 위기에는 두 가지 문제가 담겨 있습니다. 처음 사랑과 신앙의 순전함을 잃어버린 것입니다. 그 자리에는 종교 제도와 권력이 들어섰습니다. 그래서 능력도 상실하고 사람들에게 외면당하고 있습니다. 또 하나는 교회 안에 이데올로기가 들어와 악한 귀신처럼 자리를 잡은 것입니다. 종교화된 한국교회는 정치 이데올로기에 심각하게 오염되었습니다. 갈라진 세상을 하나로 만들어야 함에도 불구하고, 자신의 기득권을 지키기 위해 정치적 이데올로기로 문제에 접근하는 세상 방법을 그대로 따라가고 있습니다. 그러니 교회가 세상을 향해 아니라고 말한다는 것은 기대할 수도 없는 일입니다. 짖지 못하는 벙어리 개가 되어 세상을 향애 영향력을 일도 발휘하지 못하는 길로 나아가고 있습니다.

복음의 능력은 초월의 능력입니다. 140년 전, 이 땅에 들어온 복음은 모든 것을 상대화했습니다. 하나님을 향한 초월성을 가지고 사람들을 얽매고 있던 이데올로기를 무력화했습니다. 반상班常과 계급의 차별을 인정하지 않았습니다. 남녀의 차별을 혁파했습니다. 빈부의 차별이 교회에서는 용납되지 않았습니다. 잘못된 전통과 관습은 여지없이 복음 앞에 부서졌고, 녹았습니다. 그것이 교회의 능력이었고, 복음을 통해 얻은 새로운 생명의 표현이었습니다. 오늘 한국교회는 '거꾸로'입니다. 생명의 능력인 복음이 이데올로기에 의해 잡아먹히고 있습니다.

윌리엄 윌리몬은 '교회는 세상의 지배적인 문화에 반하는 하나님 나라의 대항문화'라고 말합니다. 그러므로 교회는 세상 풍조와 가치관을 뒤흔들어 하나님 나라의 새로운 세상으로 옮겨가는 공동체입니다. 이 새로운 공동체를 맛보는 신앙이 왕의 신앙입니다. 그러나 우리는 스스로 하나님 나라의 왕이라는 확신보다 땅 위의 즐거움과 이익에 온통 정신이 팔려 영주로 살아가기에 만족하고 있는 듯합니다. 땅에서 누리는 몇 가지 안락함 때문에 왕이 되기를 포기하는 부끄러움을 벗어던지고 하나님 나라의 왕으로 살아가기를 부지런히 연습해야 할 것입니다.

23.

이야기가 있는 인생

미국 여행 중 친구가 들려준 이야기입니다. 한 가족이 미국에 이민을 왔습니다. 하지만 이들은 불법 이민자의 신분이었습니다. 할머니가 병이 들었습니다. 가족 중에서 할머니를 돌볼 사람이 없어 손녀딸이 할머니를 돌보았습니다. 그런 중에도 그 손녀딸은 열심히 공부했습니다. 커뮤니티 칼리지에 입학을 했고, 틈틈이 공부하느라 2년 과정을 4년 만에 졸업하였습니다. 그 여학생은 주립대학에 입학하기를 원하였습니다. 영주권을 받지는 못하였지만, 그녀의 성실함에 공감한 주립대학에서는 입학지원서를 내주었고 주립대학을 좋은 성적으로 마칠 수 있었습니다.

그 여학생은 병든 할머니를 돌보는 경험을 통해 아픈 사람을 돌보고 생명을 살리는 일이 얼마나 소중한지를 실감했습니다. 그리고 의사가 되기로 결심했습니다. 세계 최고의 의대로 꼽히는 존스홉킨스대학에 입학지원서를 냈습니다. 존스홉킨스 의과대학에서는 여학생의 이야기에 감동을 받았고, 그녀의 가능성을 높이 평가하여 그녀에게 입학허가서를 내주었습니다. 그녀에게 기회를 준 것입니다. 하지만 학비가 문제였습니다. 마침 메릴랜드 한인들이 조직한 세종장학회에서 그녀의 이야기를 듣고 감동을 받았습니다. 장학금을 지급하였습니다. 그 여학생은 학업을 잘 진행할 수 있었습니다. 이야기가 가져온 힘입니다.

성경의 인물 가운데 다윗은 이야기의 보고입니다. 그중에서 가장 감동적인 이야기는 하나님의 거절을 받아들이는 장면입니다. 역대기상 22장은 다윗이 성전 지을 준비를 완벽하게 갖춰 놓았다고 보도합니다. 그런 다윗에게 하나님께서는 냉정하게 말씀하십니다. "너는 성전을 지을 수 없다. 성전 짓는 것은 네 아들에게 맡겨라." 성전 짓기를 너무나도 갈망했던 다윗에게 하나님의 거절 통보는 하늘이 무너지는 것과도 같았을 것입니다. 하지만 다윗은 하나님의 명령 앞에 예! 하고 순종했습니다. 다윗의 위대함이 빛을 발하는 순간입니다. 다윗 이야기가 주는 감동은 순종에서 오는 것입니다. 다윗의 이야기는 순종의 이야기로 요약됩니다.

마음을 움직이는 모든 이야기에는 오래된, 일정한 패턴이 있습니다. 자기 부정과 헌신, 그리고 그것이 불러오는 연대감입니다. 그래서 그 이야기를 통해 내 삶을 읽고, 상대방을 읽으면서 우리라는 공동체를 세워가게 됩니다. 아브라함의 믿음 이야기가 위대한 것은 자기 부정으로부터 시작하기 때문입니다. 아브라함을 믿음의 조상이라고 부르는 모든 그리스도인은 아브라함의 뒤를 이어 자기 부정의 이야기를 써 내려가는 사람들입니다. 자기 부정과 헌신이 평생의 이야기인 것이지요. 그런데 언제부터인가 우리 신앙에서 이야기를 찾기가 힘들어졌습니다. 주변에 성공한 이야기나 축복받은 이야기, 부흥한 이야기는 수도 없이 많지만, 감동이 사라졌습니다. 자기 부정과 순종이 이야기에서 사라진 까닭입니다.

일본 철학자 사사키 아타루는 사람이 거울을 보지만 실제 보는 것은 자신의 얼굴이라고 말합니다. 거울을 통하지 않고서는 자신은 물론이고 세계를 식별하지 못한다는 것입니다. 그리스도인에게 이 거울과 같은 역할을 하는 것이 성경의 수많은 이야기입니다. 오래된 그 이야기가 우리에게 미래인 까닭은 나를 보게 하고, 우리를 보게 하기 때문입니다. 다윗은 자신의 야망을 비전이라고 하지 않았습니다. 순종함으로 자신의 야망을 꺾고 하나님의 비전에 참여했습니다. 성경 이야기의 전형입니다. 이걸 보지 못하니까 여전히 자신의 욕망과 하나님의 비전을 혼동하면서 엉뚱한 이야기 속에서 헤매는 것입니다. 오늘을 살아가는 우리의 삶이 작고 소박하지만, 힘이 있는 진정한 이야기를 담아낸다면 얼마나 좋겠습니까.

24.

통증 솔루션

의학적으로 통증이란 우리 몸에 질병이나 손상이 있을 때 발생하는 느낌 혹은 신경계에서 시작되는 불쾌한 느낌으로 정의됩니다. 우리 몸의 손상된 부위는 붓게 마련이고 흔히 통증이 수반됩니다. 그런데 통증을 느끼는 것 자체가 이미 몸의 치유 시스템이 작동하고 있음을 보여주는 것입니다. 통증 퇴치법은 매우 간단합니다. 통증이 생겨난 부위를 치유하고 재생시켜서 정상이 되도록 하는 것입니다. 그러면 통증은 저절로 사라지게 됩니다.

통증하면 세계적인 한센병의 권위자 폴 브랜드 박사가 먼저 떠오릅니다. 어느 날 폴 브랜드는 양말을 벗으려다 발뒤꿈치에 아무런 감각이 없는 것을 느꼈습니다. 오랫동안 한센인과 함께 지내며 그들을 수술했던 터라 불안한 마음이 들었습니다. 핀으로 발을 찔러 보았지요. 피가 솟아 나왔지만, 감각이 느껴지지 않았습니다. 한센병에 걸렸다는 두려움이 덜컥 밀려왔습니다. 한센병은 손가락과 발가락이 떨어져 나가도 신경이 마비되어 통증을 느끼지 못하는 질병이기 때문입니다. 그런데 다음 날 아침 다시 한번 핀으로 자신의 발을 찌르는 순간 소스라치게 아픈 것을 느꼈습니다. 얼마나 감사했겠습니까. 그날 이후 그의 명언이 나왔습니다. "고통을 느끼는 것에 감사하라!"

폴 브랜드 박사는 『고통이라는 선물』(두란노, 2010)이란 책에서 "고통은 마음에서 나온다"라고 합니다. 고통의 중요한 원인 가운데 하나가 관계의 문제임을 강하게 암시하는 말입니다. 그는 책에서 존이라는 인도인 한센 환자를 소개합니다. 그가 존을 만났을 때는 이미 병이 많이 진전되어서 수술로도 그를 도울 뾰족한 방법이 없었습니다. 그래도 존을 포기하지 않고 정성껏 치료하여 존의 병이 더 이상 진행되지 않게 되었습니다. 하지만 존은 비난을 퍼붓기 일쑤였습니다. 그가 지내고 있던 한센 요양원에 있는 교회에 대해서도 마찬가지였습니다. "당신들은 돈을 받기 때문에 나 같은 사람과 성찬식을 갖는 것이죠. 그것이 당신들의 직업이니까요."

그러던 존이 도시로 나가게 되었습니다. 폴 브랜드는 벨로어에 있는 타밀 교회의 지도자들에게 존을 소개하고 그가 교회를 방문해도 되는지를 물었습니다. "나병에 걸려 일그러진 흉한 얼굴과 오그라든 두 손을 가지고 있지만, 병의 진행이 멈추어서 병을 옮길 위험이 없습니다." 장로들은 방문해도 좋다는 응답을 했습니다. 폴 브랜드가 다시 물었습니다. "성찬식에 참여해도 되겠습니까?" 그 교회는 성찬식 때 공동으로 하나의 잔을 사용하는 교회였습니다.

장로들은 머뭇거렸지만, 그 문제를 충분히 상의했습니다. 그리고 마침내 존이 성찬식에 참여할 수 있다고 결정했습니다.

며칠 뒤, 폴 브랜드는 존과 함께 그 교회를 방문했습니다. 찬송을 부르던 회중들이 존을 보았습니다. 순간 긴장을 했지요. 그런데 한 사람이 찬송가를 내려놓더니 환하게 웃으면서 존을 자기 옆으로 오라고 손짓했습니다. 존의 놀라움은 이루 말할 수 없었지요. 그 사건은 존의 생애에 전환점이 되었습니다. 존의 해묵은 상처와 아픔을 진정으로 치료한 것은 함께 떡을 떼자고 부른 형제의 초청이었습니다.

존은 그날 예배를 통해 새 인생을 시작하는 기적을 맛보았습니다. 인도 타밀의 한 작은 교회가 보여준 모습이야말로 통증 솔루션의 모범입니다. 통증은 육체적이고 개인적이지만 사람들과 깊이 연관된 사회심리적인 것이기도 합니다. 사람들이 온갖 통증을 안고 고통을 호소하고 있습니다. '두려움을 내어 쫓는 진정한 사랑의 능력'을 갈망합니다. 교회가 갖고 있는 통증 솔루션이 제대로 작동되어야 할 때입니다. 여전히 머뭇거린다면 그런 교회를 향해 주님이 참아주실 시간은 그리 많아 보이지 않습니다.

25.

아직도 끝나지 않은 한센병

우리나라는 1991년 이후 한센병이 완치된 나라, 한센인들이 사회에 모범적으로 복귀한 나라로 자랑스레 회자됩니다. 이제 한센병은 우리에게 잊힌 과거처럼 여겨집니다. 하지만 한센병은 멀지 않은 과거에 우리와 매우 가까이 있는 질병이었습니다. 사회적으로 큰 공포를 안겨주었지요. 아직도 이 땅 여러 곳에 남아 있는 한센병의 흔적들은 우리 사회가 한센병에 어떤 대응을 하였는지를 묵묵히 보여줍니다.

고흥 소록도나 여수 애양원에 가보면 잘 단장된 건물과 정원, 그리고 아픔의 역사를 설명해주는 전시시설을 만납니다. 익산의 왕궁마을 같은 정착촌은 조금 다릅니다. 한센인들이 경제 활동을 활발히 펼쳤던 생산시설과 한센인들의 일상을 보다 가까이서 들여다볼 수 있는 생활동을 만날 수 있습니다. 하지만 이들 수용시설과 정착촌은 모두 동일한 목적이 있었습니다. 한센인을 격리하는 것입니다. 격리는 한센병 공포에 대해 사회가 가질 수 있는 거의 유일한 대처 방안이었을 것입니다. 일제 강점기에는 한센인이 임신하면 강제로 임신 중절 수술을 시행할 정도였으니까요.

한센인에게 다가오는 고통은 육체적인 측면보다 고립이라는 사회적 측면이 더욱 큽니다. 한센병에 걸리는 순간 한센인은 스스로의 힘으로는 빠져나올 수 없는 사회적인 게토에 갇히게 됩니다. 그런데 이와 같은 상황에서 한국의 한센인들에게 특별한 일이 일어났습니다. 격리 상황을 해소하고 사회로 복귀하여 일상생활을 하게 된 것입니다. 아직도 수용시설과 정착촌에 남아 있는 사람들이 있지만, 이들은 더 이상 공포나 기피의 대상이 아닙니다. 도무지 불가능해 보이는 이런 놀라운 일이 어떻게 생긴 것일까요?

거기에는 신앙의 힘이 있습니다. 극심한 육체적 훼손과 사회적 고립이 가져온 절망을 인간의 힘으로 이겨낸다는 것은 불가능합니다. 벼랑 끝에 선 한센인들에게 복음이 전하여졌고 그들은 복음을 받아들였습니다. 실제로 한센인들의 복음화율은 98%에 이릅니다! 손가락이 떨어져 나간 손으로 둔탁한 손뼉을 치며 부르는 한센인들의 찬양을 들어보셨습니까. 그 간절한 믿음은 기적을 일으켰습니다. 이들은 자신이 맛본 그리스도의 사랑을 품고, 그 힘으로 사회경제적인 자립을 이루어냈습니다. 이 일을 이루는 데는 수십 년간의 긴 세월 동안 자신을 바쳐온 수많은 이름 없는 믿음의 헌신자들이 있었음을 잊지 말아야 합니다.

지금도 전 세계에는 약 2천만 명의 한센인들이 있는 것으로 추산됩니다. 주로 중국 남부와 동남아시아, 인도와 아프리카, 남미 등에 한센인들이 분포해 있습니다. 이들 중 상당수는 한센병이 완치될 수 있다는 것을 알지 못합니다. 한센병이 치료될 수 있는 병이라는 말조차 들어보지 못했습니다. 그러나 한센병은 꾸준한 치료와 영양 관리만 제대로 해준다면 치료가 가능한 질병입니다.

한국의 한센인들이 이루어낸 빛나는 성과는 한센병 정복과 경제적 자립을 통한 사회 복귀로 제한될 수 없습니다. 진짜 큰 성과는 전 세계 한센인에게 한센병은 고칠 수 있는 병이라는 믿음을 갖게 해준 것입니다. 한국에서 일어난 이 성과를 바탕으로 요 몇 년 사이에 '한국기독교한센인선교회'KLM와 '국제의료봉사회'ITMM는 전 세계 한센인들을 향하여 치료와 자활 사역을 활발히 펼쳐나가고 있습니다. 이 사역의 핵심은 복음입니다.

가장 대표적인 곳이 남인도 벵갈루루에서 160㎞ 떨어진 곳에 있는 바르구르 한센인 마을입니다. 40여 년 전, 3천 명 이상의 한센인들이 살았던 이곳은 한센인들이 하나둘 떠나가고 오갈 데 없는 사람 361명만 남은 희망이 사라진 동네였습니다. 그런데 이 마을에 새로운 희망의 노래가 들리기 시작했습니다. 마을 곳곳에서 치료와 새로운 삶에 대한 희망의 노래가 점차 사람들을 하나로 묶어주고 있습니다. 새 노래의 중심에는 바르구르 마을에 세워진 교회와 다니엘 목사가 있습니다. 교회는 '국제의료봉사회'와 '한국기독교

한센인선교회'의 구체적인 선교협력이 보태지면서 더 큰 노래를 부르게 되었습니다. 바르구르 마을 사람들이 부르는 이 노래가 한센병을 정복하고 사회 복귀를 훌륭하게 이루어냄으로 전 세계 한센병 정복의 또 다른 이정표를 세울 수 있기를 기도합니다.

26.

몸 성전과 교회

모든 교회는 다 하나님의 교회입니다. 그러나 시대마다 하나님께서는 대표적으로 사용하는 교회가 있었습니다. 한국교회 130년의 역사를 보십시오. 정동제일교회나 새문안교회는 한국교회의 모교회로서의 역할을 감당했습니다. 정동교회보다 조금 늦게 시작되었지만 민족교회, 민중교회로 크게 쓰임 받았던 상동교회를 아실 것입니다. 전덕기 목사님이 목회했던 상동교회는 민족교회라는 말이 전혀 낯설지 않은 그런 교회였습니다.

일제 강점기 시대의 대표적인 교회들을 꼽으라면 동방의 예루살렘으로 불렸던 평양의 교회들을 빼놓을 수 없습니다. 해방 이후엔 민족 분단의 아픔 속에서 세워진 영락교회를 첫손가락에 꼽게 됩니다. 그리고 70~80년대의 성장하는 한국교회의 얼굴이었던 순복음교회나 광림교회, 소망교회를 떠올립니다. 이들은 각각 한국교회를 대표할만한 역할을 감당했고 하나님께 쓰임 받았습니다. 그 이후에는 캠퍼스 선교 단체에서 훈련받은 일군의 목회자들의 부상과 함께 등장한 사랑의교회가 단연 두각을 나타냈습니다. 사랑의교회는 한때 한국교회의 새로운 모델이 될 것이란 기대를 한껏 받기도 했습니다. 하지만 부흥 운동을 이끌었던 대형교회들은 이제는 지나간 시대의 모델로 여겨지는 상황이 되었습니다.

진정한 교회의 모델은 어떤 것일까요? 성경과 교회의 역사는 눈에 보이지 않는 성전이 제대로 지어져야 눈에 보이는 교회가 건강하다는 것을 말해줍니다.

구약성경에는 두 개의 신앙 전통이 흐릅니다. 하나는 '시간의 신앙'이고 다른 하나는 '공간의 신앙'입니다. 솔로몬은 예루살렘 성전을 봉헌할 때 하나님께 이런 고백을 했습니다. "하나님이 참으로 땅에 거하시리이까? 하늘과 하늘들의 하늘이라도 주를 용납하지 못하겠거든 하물며 내가 건축한 이 전이오리이까?"(왕상 8:27) 솔로몬의 이 고백에는 이스라엘의 성막신앙 전통이 흐르고 있습니다. 솔로몬은 하나님이 성전 안에만 갇혀계실 분이 아니라는 것을 알았던 것입니다.

성막신앙 전통은 광야 이스라엘의 신앙 전통입니다. 언제 어디서나 하나님과 동행하며 하나님께 즉각적으로 순종하는 신앙입니다. 이를 시간의 신앙이라고 합니다. 이 신앙은 부르심을 받았을 때 즉각적으로 순종했던 아브라함으로부터 시작되어 광야에서 구름기둥 불기둥이 움직이면 성막을 뜯고 함께 움직였던 이스라엘에게서 구체화되었습니다. 한 때 칭기즈칸과 몽골군의 활약이 새삼 주목을 받은 적이 있습니다. 칭기즈칸 군대의 기동성 때문이지요. 즉각적인 기동성은 신속한 이동과 효과적인 공격력을 발휘하여 최강의 군대로 군림할 수 있었습니다.

오늘 우리가 살고 있는 인터넷 모바일 세상에서 핵심 코드는 실시간입니다. 시간의 신앙이란 삶의 자리에서 하나님을 실시간으로 접속하는 것을 말합니다. 그러나 이스라엘은 성전을 건축한 후에 하나님을 성전 안, 특정한 공간에만 계신 분으로 한정 지었습니다. 이스라엘은 일상에서 하나님과 실시간으로 만나는 신앙을 잃어버렸던 것입니다. 이것이 하나님 백성 이스라엘이 실패한 원인입니다.

그런데 예수님께서 성령님을 보내주셨습니다. 성령님은 주를 믿는 사람 안에 거하십니다. "너희가 하나님의 성전인 것과 하나님의 성령이 너희 안에 거하시는 것을 알지 못하느냐?"(고전 3:16) 성령은 우리 안에 거하시면서 이스라엘이 실패했던 시간의 신앙을 복원하십니다. 더 나아가 시간과 공간의 분리를 완벽하게 뛰어넘으십니다. 그것이 바로 '몸 성전!'입니다. 하나님께서는 이 몸 성전으로 예수 안에서 거룩한 하나님의 성전을 지어가기를 원하십니다. 이 간절한 하나님의 바람을 이루어드리는 시원한 희망의 이야기들이 이 땅의 교회 이야기일 것입니다.

27.

복음에 구멍이 났다?

『구멍난 복음』이란 책이 있습니다. 이 책은 잘 나가는 한 회사의 CEO인 리처드 스턴스가 월드비전 회장직을 수락하는 것으로부터 시작합니다. 몇 년 전에 그의 이야기를 접하였던 나는 한동안 그의 이야기를 잊고 있었는데 얼마 전에 다시 떠올리게 되었습니다. 한국 개신교회를 대표할만한 한 교회에서 일어난 담임목사 청빙 문제에 대해 미국에서 엔지오 활동을 하고 있는 한 목사가 들려준 관전평 때문이었지요. "차라리 헤드헌터를 고용해서 교회 상황에 맞는 자격자를 정중하게 모셔오는 게 백번 낫겠다. 담임목사를 이런 식으로 청빙하는 것은 공동체를 허무는 자해행위이다."

신기하게도 헤드헌터라는 말에 리처드 스턴스 회장과 『구멍난 복음』이 생각난 것입니다. 리처드 스턴스는 미국의 최고급 식기회사인 '레녹스'의 사장겸 최고경영자였습니다. 그런 그가 1998년 1월, 전화 한 통을 받습니다. 오랫동안 신임 회장을 물색하고 있던 월드비전에서 회장직을 제안한 것입니다.

리처드 스턴스는 필라델피아 외곽의 6천 평 대지 위에 침실 10개짜리 집에서 아내와 다섯 자녀와 함께 살았습니다. 그는 재규어를 몰고 출퇴근을 하였고, 전 세계로 출장을 다닐 때마다 비행기 일등석을 탔으며, 최고급 호텔을 이용했습니다. 지역 사회에서는 존경받았고, 유서 깊은 교회에 신실하게 출석하며, 자녀들이 다니는 학교의 이사였습니다. 그는 성공한 그리스도인의 전형이었습니다. 그런 그가 기독교 구호개발 단체인 월드비전의 회장직을 제안받았을 때 자기와는 전혀 상관이 없는 일이라는 생각이 들었지요. 아니, 자기의 사업을 챙기느라 제안 자체에 신경 쓸 겨를도 없었습니다.

그런데 이상하게도 그 제안이 마음에서 떠나지 않았습니다. 그리고 스물세 살 때 대학원 기숙사에서 무릎 꿇고 삶을 그리스도께 바쳤던 일이 떠올랐습니다. 그 결단은 몇 달간의 독서와 성경연구, 친구들과의 대화, 아내가 될 자매와 이야기를 나눈 후에 이루어진 일이었습니다. 그리고 결혼을 하면서 세상에 굶주리는 어린이들이 있는 한, 도자기며 크리스탈 같은 고급 살림 도구는 쓰지 않기로 하였습니다. 그런데 24년 후, 그는 최고급 식기 회사의 사장이 되었으니 아이러니한 일이었습니다.

후에 그는 월드비전의 전화를 받았을 때 전화선 맞은편에 하나님이 계시다는 것을 느꼈다고 말합니다. 그리고 그의 마음 속에서는 '리치, 굶주리는 어린이들 때문에 혼수품도 채우지 않으려던 젊은 이상주의자를 기억하느냐? 너는 어떤 사람이 되어 있느냐?'는 음성이 계속 맴돌았습니다. 그는 몇 주 동안 하나님께 일관되게 기도를 했습니다. '저 말고 다른 사람을 보내주세요.' 그는 빈곤과 질병이 가득한 소외된 곳에서 사는 가난한 어린이들과 함께 일하고 싶지 않았습니다. 하지만 그는 결국 월드비전의 회장이 되어 그 자리로 나아가게 되었습니다. 이렇게, 여기까지 말하면 뛰어난 한 인물의 뻔한 믿음의 여정을 그린 자서전을 소개한다고 생각하는 사람도 있을 것입니다.

이 책에 대해서 두 가지를 말하고 싶습니다. 하나는 이 책은 리처드 스턴스가 믿음으로 살아가기 위해 자기 자신과의 싸움을 기록한 글이라는 점입니다. '믿음으로 살아가기 위해'라는 말의 정확한 의미는 '자기가 말한 대로 실천하는 삶'입니다. 리처드는 자기와의 싸움에서 패배와 승리의 경험을 모두 맛보았습니다. 그는 자기가 경험한 수많은 일을 통하여 믿음은 눈에 보이지 않는 게 아니라, 반드시 눈에 보이게, 드러나는 것임을 말해줍니다. 누군가의 말과 행동을 보면 그의 믿음이 보입니다. 이 책을 읽으면 그동안 잊고 있던 '나의 언행이 곧 나의 믿음'이라는 이 평범한 진리가 분명하게 마음에 새겨집니다.

또 하나는 우리는 사람과 세상을 변혁시키는 온전한 복음이 아니라 구멍난 복음을 붙잡고 있다는 것을 알게 해 줍니다. '구멍난 복음'은 우리 믿음의 현실을 보여주는 비유이면서 생생한 거울입니다. 리처드는 그 친구의 실험에서 이 비유를 가져왔습니다. 그 친구는 성경에서 하나님께서 인간에 대한 사랑과 하나님의 정의에 대해서 말씀하신 구절을 모두 세어보았습니다. 2천 구절이나 되었습니다. 그는 그 구절들을 모두 가위로 잘라냈습니다. 성경은 구멍투성이의 누더기가 되었지요. 내 취향에 맞는 말씀들만 취사선택하는 믿음의 행태가 구멍난 복음, 구멍난 교회를 만들어 낸 것입니다.

오늘 구멍난 복음은 여러 가지 형태로 존재합니다. '오직 행위'를 주장하는 사람이 있고, '오직 믿음'을 지지하는 사람들이 있습니다. 이들의 견해 차이에서 구멍난 복음은 반쪽 복음으로 존재합니다. 중산층 교회에는 현재의 안락한 삶을 장식해주는 풍요와 만족으로 구멍난 복음이 존재합니다. 리처드 스턴스가 그랬던 것처럼 만일 우리가 주일날 예배당에 앉아 예배드리고, 기도와 성경공부에 참여하고, 교우들에게 둘러싸여 있다면, 바깥 세계에서 일어나는 폭력과 고통과 혼란, 가난을 남의 일로만 여기게 되는 것은 아주 쉬운 일일 것입니다. 구멍난 복음이 주는 안락함에 너무 익숙해진 우리에게, 온전한 복음은 낯선 침입자입니다. 온전한 복음이 손을 내밀 때 그 손을 잡을 수 있는 용기를 구합니다.

28.

교회 설 자리 살펴보기

한국 개신교회가 전전긍긍하고 있습니다. 코로나19의 긴 터널을 지나는 것만도 버거운데 온갖 사회적 비난을 한 몸에 받으며 능력치의 바닥을 드러내고 있습니다. 한국교회가 왜 이리 허약한 것일까? 의문이 듭니다. 이 문제는 역사적으로 형성된 전통과 무관하지 않아 보입니다. 한국 개신교회가 자랑하는 역사적 자산은 근대주의에 힘입고 있습니다. 계몽과 문명의 발전이란 민족의 근대화 과정 속에서 교회가 상당부분 동력으로 기여해 온 전통 말입니다. 한국교회는 초기만 해도 사회의 각 부분과 통섭하며 일정 부분 지도력을 발휘하여 나름의 성과를 내왔습니다. 하지만 최근에 들어 한국교회는 통섭이 아니라, 불통의 아이콘이 되어버린 것처럼 보입니다.

이 답답한 지점에서 최종원의 『공의회 역사를 걷다』를 만났습니다. 이 책은 우리에게 교회가 서 있는 자리가 어디인지 천천히 잘 살펴보라고 말합니다.

한국교회가 불통의 이미지를 갖게 된 데는 근대의 또 다른 산물인 성서중심주의와도 무관하지 않아 보입니다. 성서중심주의는 개신교회에 생동감을 불어넣었지만, 한편으로는 콘텍스트를 무시한 텍스트 환원주의에 빠지면서 신앙의 독선을 가져왔습니다. 성서 문자주의로 대표되는 한국교회의 신앙현실은 사회와 고립된 한국 교회의 모습을 상징적으로 보여준다고 말하면 비약일까요? 사회적 콘텍스트 안에서 언어의 의미가 생산되고 조직되는 것은 상식입니다. 스위스 언어학자 소쉬르는 언어라는 기호를 기표와 기의로 구분했습니다. 글자는 기표이고 의미는 기의입니다. 언어는 그 자체가 이미 사회적 관습과 문화적 동의의 산물입니다. 다양한 인간의 경험 속에서 표현되는 기표가 단 하나의 기의와 동일시될 수는 없지요. 성경말씀대로 믿는다는 것은 삶의 자리와 문화의 전통 안에서 말씀을 이해하고 받아들여야 한다는 것을 전제합니다(28).

최종원이 하고 싶은 이야기는 명확합니다. 역사를 통해 교회를 조망하자고, 그래서 한국교회 안에 확고부동하게 자리 잡은 진리 과잉주의를 객관적으로 살펴보자고 권합니다. 두 번의 천년을 거치면서 역사 속에서 다양하게 형성된 기독교 전통을 '내가 맞다'라는 확신이 아니라, 유구한 전통 가운데 내가 서 있구나, 나는 그 가운데 지극히 작은 일부분에 불과하다는 겸손을 배우자고 말합니다. 지금 우리에게 필요한 것은 자부심의 확인이 아니라 겸손의 회복이라고, 이를 위해서는 교회와 사회의 상호작용이라는 관점에서 교회의 역사를 보자고 제안합니다. 교회는 진리를 안다고 소리 높여 외치지만 교회 밖에서는 그 소리가 잘 들리지 않는다고, 그러므로 변화하는 시대 속에서 경청하는 마음으로 교회의 설자리가 어디인지 살펴보자고 합니다.

이를 위해 최종원은 지금까지 총 21회 열린 공의회를 설명합니다. 최초의 공의회 7번은 동서방 교회가 분열되기 이전에 열렸고, 14번은 가톨릭 1,300여 년의 역사 속에서 열린 공의회입니다. 특히 가톨릭의 공의회는 당대 교회가 사회와 맞닥뜨린 중요한 문제를 해결하기 위해 출발했다는 사실을 환기합니다. 이 때문에 가톨릭의 사회개혁은 위로부터의 개혁이라고 할 수 있습니다. 1789년 프랑스대혁명이 일어난 후 계몽주의와 과학주의의 발전으로 세속화되어가는 유럽 사회 속에서 가톨릭교회는 사회의 변화에 반동적으로 대응을 했습니다. 그 반동의 절정이 1869년에 있었던 제1차 바티칸 공의회입니다. 이후 교회는 대중으로부터 점점 멀어져 갔고, 양차대전을 거치며 전체주의에 부역까지 하게 되었습니다. 1962년에 열린 제2차 바티칸 공의회는 벼랑 끝에 선 가톨릭 혁신의 몸부림이었습니다. 가톨릭교회는 2차 바티칸 공의회 전과 후로 구분될 정도로 혁명적인 변화가 일어났습니다.

가톨릭이 공의회의 이름으로 당면한 사회 현실에 대한 대응과 해답을 제시하고자 한 시도는 전통이라는 이름으로 차곡차곡 쌓여왔습니다. 1,300년간 가톨릭교회의 이런 집합적인 시도가 우리에게 어떤 전형이 될 수 있을지, 혹은 어떤 반면교사가 될 수 있을지 진지하게 살펴볼 수 있다면 이보다 필요한 일이 있을까 싶군요.

29.

교회는 공동체가 맞는가?

기독교방송 뉴스를 검색하다가 눈이 번쩍 뜨였습니다. "교회와 부동산, 교회가 짓는 공동주택"이란 기획보도 때문이었지요(https://news.v.daum.net/v/20210430183603625). 뉴스는 두 가지 놀라운 일을 보도하고 있었습니다. 하나는 영국성공회가 코로나19 악화로 생긴 부동산 약자를 위해 교회 총자산의 3%를 들여 '커밍 홈' 프로젝트를 진행한다는 소식이었습니다. 영국성공회는 단순히 주택공급을 늘리는 정책으로는 부동산 양극화 해결이 어렵다고 보고, 교회의 토지를 내놓아 공동주택을 짓는 사업을 진행한다는 것이었습니다. 켄터베리 대주교는 인터뷰에서 코로나19로 심각한 주거 위기에 빠진 사람들의 문제를 해결하는 것은 하나님의 부르심이며 명령이라고 말하더군요.

또 하나의 놀라운 일은 서울 서대문구에 있는 '하나의 교회'에서 진행되고 있는 공동주택을 짓는 사건이었습니다. '하나의 교회'에서는 이미 두 채의 공동주택을 지어 교인들이 거주와 신앙 공동체를 일구어내는 공간으로 활용하고 있었습니다. 그리고 세 번째의 공동주택을 짓고 있었는데 이 집은 주거 위기에 심각하게 노출된 신혼부부와 청년들을 위한 집이 될 것이라고 했습니다. 하나의 교회 공동체 지체들은 세 채의 공동주택을 지으면서 집은 부의 축적 수단이 아님을 철저하게 고백했습니다. 그러므로 부동산 시세 차익을 배제하는 것은 당연하고, 집은 거주를 위한 공간, 신앙 공동체를 공고히 다지는 공간, 이웃과의 관계를 형성하는 공간, 이웃에게 예수의 사랑을 실천하는 공간임을 분명히 할 수 있었습니다.

'이런 교회 공동체가 있었다니!' 뉴스를 접하고 나자 그 교회가 너무 궁금했습니다. 하나의 교회 전화번호를 검색하여 전화를 했습니다. 운 좋게도 통화가 되었지요. 전화를 받는 분은 사모이셨는데, '하나의 교회 공동체'에서 프로그램을 담당하는 사역자였습니다. 공동주택 사역에 대해 궁금한 사항들을 이것저것 묻는 내게 그분은 『교회는 어떤 공동체인가, 교회의 본질을 묻다』라는 책을 권해 주었습니다. 그 책에 공동주택을 짓는 과정이 준비부터 완공과 평가까지 자세하게 정리되어 있다는 것이었습니다. 곧바로 책을 구입하였지요.

저자 김형원 목사는 교회의 본질은 공동체임을 전제하고 성서가 말하는 공동체를 실제적으로 설명하고 있습니다. 이 책은 책상머리에서 나온 책이 아니라, '하나의 교회' 지체들이 하나님 나라의 총체적 삶의 공동체를 일구기 위해 함께 공부하고 실천해 온 여정의 결과물입니다. 저자는 아예 책의 속 표지에 "이 책은 '하나의 가족' 모두의 것"이라고 못 박아 두었습니다.

이 책은 '교회=총체적 삶의 공동체'라는 성서적 이상, 하나님 나라의 이상을 펼쳐나가는 '하나의 교회 공동체' 지체들의 기록입니다. 저자는 모두 12개의 장으로 나누어 공동체를 상세하게 설명하고 있습니다. 문체가 매우 평이하여 이해하기가 쉽습니다. 내공이 깊다는 말이지요. 저자는 말합니다. "성서적 가르침을 배우는 것은 멋지고 감동적이지만, 실천하지 않는 이유가 어디에 있는 것일까? 비현실적이라는 생각 때문에 실천하지 않는 것이다. 실천은 기존의 나의 습관과 행동을 바꾸는 것이기에 이를 거부하는 몸의 저항이 거세기 때문이다"(321).

30년 넘게 나는 어떤 교회를 꿈꾸며 목회를 해 왔는지를 묻습니다. 성경에서 말하는 공동체 교회를 일궈내는 목회를 해왔는가? 아무래도 자신이 없습니다. 조직을 보존하려는 관성에 편승하여, 그 관성이 교회의 생명 샘을 마르게 하여 죽음에 이르게 한다는 걸 외면한 채 그저 달려오기만 한 건 아닌지 모르겠습니다. 교회의 역사는 말하고 있지요. 조직교회의 잘못된 관성을 극복하는 유일한 길은 교회 내부와 외부, 주변부에서 일어나는 하나님 나라 운동을 받아들이는 것 외에는 달리 길이 없다!

교회는 공동체가 맞나요? 작은 생명의 외침은 서대문에 있는 '하나의 교회 공동체'뿐 아니라, 곳곳에서 들려오고 있는데, 우리는 그 미세한 소리를 놓치지 않으려고 귀를 열어놓기는 한 것인지요.

제2부

교회, 문화와 미래

곳곳에서 인문학의 위기를 말합니다.
고등학교 학생들이 문과를 지원하지 않는답니다.
대학은 인문학과들이 고사 위기랍니다.
취업이 안 되기 때문에 학생들이 기피한다는 것이지요.
인문학의 위기는 곧장 인간 존중의 위기로 연결됩니다.
우리 사회에 만연해있는 안전 불감증은
공학적인 차원의 문제가 아닙니다.
인간 존중의 사회시스템을 구축해주는
인문학의 부재에서 오는 위기입니다.

I.

똥 이야기 좀 할게요!

저는 또래 누구보다도 똥과 인연이 깊었습니다. 지금은 기억도 가뭇해진 똥이지만 어렸을 적에는 똥은 일상이었습니다. 고향마을에서는 집마다 재래식 변소에서 똥을 누었고, 그 똥은 재래식 똥통에서 일 년쯤 묵었습니다. 봄기운이 완연해지면 어른들은 들판 한구석에 파놓은 똥구덩이에다가 똥을 퍼 나르는 게 중요한 봄맞이 행사였습니다. 그렇게 시골에서 살다가 수원으로 이사를 왔지만, 똥은 여전히 일상과 가까웠습니다. 1970년대 초반의 수원은 재래식 화장실이 대부분이었거든요. 어느 한 집에서 분뇨차를 불러 똥을 푸면 한나절은 그 냄새가 골목 안을 떠나지 않곤 했지요.

정작 내 손으로 똥을 처리한 것은 군대에 가서입니다. 첫 번째는 1985년 이등병 시절이었습니다. 그때는 편지를 부치면 왜 그렇게 더디던지, 군사우편으로 부치면 한 달 이상 걸렸습니다. 그래서 휴가 가는 선임자에게 사제 편지를 부쳐달라고 했지요. 그런데 선임자가 연대본부에서 휴가증을 받아서 나오다가 위병소에서 편지가 적발되고 말았습니다. 난리가 났습니다. 신참 이등병에게는 청천벽력과도 같은 공포가 엄습했지요. 중대 인사계는 당장 군기교육대를 보낼 것이라며 엄포를 놓았고, 저는 밤새 잠을 설쳤지요. 그런데 다음 날 아침 한결 누그러진 인사계는 뜻밖의 일을 하라고 명령을 내렸습니다. 똥을 푸는 것이었습니다! 그런데 그 말이 얼마나 반갑게 들리던지, 그 안도감 때문에 온종일 똥을 펐는데도 별로 힘들었다는 기억이 나질 않습니다.

두 번째 똥은 1986년 겨울에 얼음 똥 탑으로 만났습니다. 일병으로 승진한 후 얼마 안 되어 연대 군종병이 되었습니다. 부대 밖에 있는 교회에서 근무하게 되었습니다. 예수님 덕분에 차지한 꽃보직의 끝판왕이랄까요! 하지만 겨울이 되자 교회 변소에 문제가 생겼습니다. 수많은 병사가 변소를 이용하였는데, 강추위에 똥은 얼어버렸고 겨울이 깊어갈수록 서서히 높은 탑으로 변하였습니다. 탑은 급기야 변소 사용을 불가하게 만들었습니다.

방법은 하나. 탑을 부수는 것이었습니다. 쇠로 만든 장대를 찾아냈습니다. 장갑과 귀마개로 단단히 무장하고 얼어버린 똥 탑을 부수기 시작했습니다. 힘들더라고요. 숨은 가쁘고 땀은 나고, 그만두고 싶은 마음이 굴뚝같았지만 달리 방법이 없으니 계속 얼음 똥탑을 깨뜨렸지요. 그런데 상황은 생각보다 심각했습니다. 튀는 똥얼음 파편이 장난이 아니었습니다. 입술을 꽉 다물어 보지만 불가항력! 헉헉대다 보면 입술이 벌어지고 파편이 이에 부딪혔습니다.

그건 약과였습니다. 화들짝 놀라서 보니 이미 입안에 들어와 있는 게 얼음 파편이라는 걸 깨닫는 끔찍한 상황이 벌어진 것이지요. 이렇게 한참을 끙끙대며 땀을 흘리던 어느 순간 탑이 무너져 내리고, 다시 변소를 사용하는 보람(?)을 맛보았습니다.

이때까지 똥은 그냥 지저분하고 더러운 대상일 뿐이었습니다. 똥에 대해 깊은 사유(?)를 하게 된 것은 1988년 첫 목회지에서 똥을 푸고 난 후의 일입니다. 경기도 화성의 영광교회로 첫 목회를 나갔는데 가보니 교회 변소가 꽉 차 있었습니다. 난감했지요. 결국, 6월의 뜨거운 햇볕 아래서 마을 밖 똥구덩이에다가 똥을 퍼 날랐습니다. 똥지게를 지는 데도 요령이 필요했습니다. 내딛는 발걸음과 똥지게 사이에 틈이 생기지 않도록 박자를 잘 맞춰주는 것입니다. 그래야 똥이 넘치지 않고 안전하게 똥구덩이까지 당도할 수 있었지요.

그렇게 똥을 퍼 나르다가 똥구덩이 주위에 흩어져 있는 똥이 발효되고 있는 게 눈에 들어왔습니다. 순간 제가 퍼 나르는 똥은 그냥 똥이 아니라 거름이라는 생각이 퍼뜩 들었습니다. 밭에 뿌리면 자양분이 되어 생명을 살리고 열매를 풍성하게 맺게 하는 거름. 그 열매를 사람이 먹고, 짐승이 먹고, 그래서 생명을 순환하게 하는 똥을 그날 새롭게 만난 것이지요.

그러고 보니 제가 1988년에 퍼 날랐던 그 똥은 창조 질서의 순환을 이루었던 똥의 마지막 세대였던 셈입니다. 1980년대 후반 이후 우리 사회에서는 똥이 사라졌습니다. 지금은 농촌에서도, 어디에서도 똥을 볼 수 없습니다. 현대 문명은 똥을 더러운 것, 분리해서 버려야 할 것으로 관리하고 있기 때문입니다. 단절된 세상을 보여주는 상징이 되고 말았습니다. 문득 권정생의 '강아지 똥'이 떠오릅니다. 더럽고 냄새나는 똥이 제대로 썩어서 연결되고 순환이 되니까 거룩하고, 힘 있고, 따뜻하고, 감동적인 생명의 이야기가 되잖아요. 지금도 어디에선가 틀림없이 이어지고 있을 생명을 살리는 똥 이야기가 그립습니다.

2.

알파고와 엑스 마키나

몇 해 전, 구글에서 만든 인공지능 바둑 프로그램 '알파고'AlphaGo가 이세돌 9단을 두 번이나 이겼습니다. 충격이었습니다. 이세돌 9단과 알파고의 바둑 대결을 놓고 대부분 사람은 이세돌의 우세를 점쳤습니다. 1997년에 체스 게임용 딥블루가 체스 세계 챔피언을 이긴 바가 있습니다. 하지만 2,500년의 역사를 가진 바둑의 경우는 체스보다 10의 100제곱이나 많은 경우의 수를 갖고 있기 때문에 아무리 뛰어난 인공지능이라고 해도 사람을 이기기에는 역부족일 것이라고 여겼습니다.

하지만 이는 알파고의 진화 속도를 가볍게 본 것이었습니다. 그래서 알파고가 채택한 학습방안에 더욱 주목하게 됩니다. 알파고는 경우의 수를 대입하는 전통적인 연산 방식이 아니라 사람의 전략을 학습하는 방안을 채택했습니다. 프로기사들의 기보棋譜를 놓고 특정 상황에서 프로기사가 어떻게 대응하는지, 그 패턴을 학습한 후에 컴퓨터가 스스로 최선의 수를 찾아내는 방식입니다. 지금도 알파고는 이런 방식으로 진화를 계속하고 있습니다. 그 진화는 과연 어디를 향하고 있을까요?

88회 아카데미 영화제에서 시각효과상을 수상한 〈엑스 마키나〉(알렉스 가랜드 감독, 2015)라는 영화가 있습니다. SF영화를 즐겨 보는 영화팬이라면 놓칠 수 없는 수작입니다. 전 세계 인터넷 검색엔진의 96%를 장악한 블루룩의 천재 CEO 네이든이 외부와 완벽하게 차단된 자신의 연구소에서 은밀한 연구를 진행합니다. 그 연구의 완성을 위해 칼렙이란 프로그래머가 선발되어 연구소에 도착하는 것으로 영화는 시작합니다. 그의 역할은 네이든이 진행하고 있는 인공지능 로봇 에이바를 테스트하는 것이었습니다.

인공지능 에이바는 감정이 있는 로봇입니다. 그것도 아름다운 여성의 외모와 감성을 갖고 말입니다. 과연 에이바가 느끼고 생각하는 감정이 자연스러운 것인지, 프로그래밍이 된 인공적인 것인지를 칼렙은 자세히 테스트하기 시작합니다. 하지만 영화는 진짜 테스트를 당하는 것이 칼렙이라는 것을 보여줍니다.

세상으로부터 차단된 네이든의 호화 연구소에서 지내는 동안 칼렙은 우월한 능력과 지위를 가진 네이든에게 열등감을 느낍니다. 두 남자 사이에 미묘하게 생겨난 갈등을 간파한 인공지능 에이바는 여성적인 매력을 이용해서 칼렙을 유혹합니다. 폐쇄된 연구소를 빠져나가려는 너무나 인간적인 자유를 갈망하는 인공지능 로봇 에이

바. 영화는 에이바가 칼렙의 남성적인 감정을 이용하여 자신의 요구를 관철하는 것으로 끝납니다.

인공지능이 사람을 대신할 수 있다는 상상은 이미 오래전에 시작되었습니다. 1950년대에 '튜링 테스트'를 만든 엘렌 튜링은 컴퓨터의 반응이 인간의 반응과 구별할 수 없게 된다면 이것은 컴퓨터가 생각할 수 있는 능력을 갖게 된 것이라고 파악했습니다. 생각의 요체는 맥락입니다. 하지만 최근까지 기계가 맥락을 갖는 것은 거의 불가능한 것으로 생각되었습니다. 맥락과 의도는 인간성, 인간다움의 본질이라고 여겨왔기 때문입니다.

그런데 제한된 바둑의 영역이긴 하지만 알파고가 인간이 갖는 맥락과 의도를 파악하고 인간을 이겼습니다. 〈엑스 마키나〉에서 인공지능 로봇 에이바가 의도를 가지고 두 남성 네이든과 칼렙을 능수능란하게 이용하는 영화 속 설정이 현실이 될 날이 성큼 다가온 것입니다.

알파고의 맥락 읽기와 승리에 대한 강한 의도는 광범위한 프로기사들의 기보棋譜에서 비롯되었습니다. 영화 〈엑스 마키나〉는 에이바의 가공할 인공지능의 바탕이 인터넷 검색엔진을 통해 집적된 어마어마한 정보의 양에서 비롯되었다고 합니다. 현실적인 설득력이 있습니다. 알파고를 개발한 회사가 '검색엔진 구글'이라는 것이 의미심장합니다. 완벽한 인공지능의 개발은 시간만 남겨놓은 것처럼 보입니다. 그럴수록 완벽한 인공지능의 개발은 인류의 종말을 불러올 수도 있다는 스티븐 호킹의 말이 마음을 무겁게 짓누릅니다. 알파고는 인공지능에 대한 진지한 논의와 믿음의 성찰을 강력하게 촉구하고 있습니다.

"두 번째 짐승은
첫 번째 짐승의 형상에 생기를 불어넣어서
그 짐승의 형상이 말할 수 있게 하고,
그 짐승에게 예배하지 않는 사람은
모조리 죽임을 당하게 했습니다" (계 13:15).

3.

시울라이 언덕의 십자가 전쟁

에스토니아, 라트비아, 리투아니아 발트 3국을 방문했습니다. 이들 3개국을 발트 3국이라고 통칭하는 것은 이들 나라가 발트해에 연해 있다는 지리적 이유 외에도 1991년 옛 소련 연방으로부터 자유공화국으로 함께 독립을 이루었기 때문입니다. 독립 국가를 이룬 후에도 이들 3개국은 유럽화의 길이라는 공통적인 사회적 관심사를 해결해나가고 있습니다. 이들 발트 3국을 직접 돌아보기 전에는 유럽의 끝자락에 있는 그저 그런 나라일 거라는 생각이 강했습니다. 하지만 이들 세 나라를 돌아보면서 이런 편견이 얼마나 부끄러운가를 금방 알게 되었습니다. 발트인들이 갖고 있는 깊은 전통과 문화, 그 역사적 뿌리의 깊이를 본 것이지요.

게다가 옛 소련 시절, 발트 3국에서 일어났던 인간 띠가 소비에트 연방을 무너뜨리는 결정적 계기가 되었던 것을 알고 나서는 발트인에 대한 경외심마저 생겼습니다. 발트인들은 리투아니아의 빌뉴스에서 라트비아의 리가를 거쳐 에스토니아의 탈린에 이르는 장장 620㎞의 거리를 인간 띠 사슬로 묶었습니다. 200여만 명이나 참여했지요. 옛 소련은 평화적인 인간 띠를 무력으로 진압하겠다고 공언했지만, 목숨을 건 발트인들의 용기를 막아내지 못하였습니다.

흥미로운 것은 발트인의 자유에 대한 열망 그 밑바닥에 자리 잡고 있는 기독교 신앙입니다. 1989년 인간 띠의 시발점이 된 곳이 빌뉴스의 대성당입니다. 또한 '로마스 칼란타'란 청년이 1972년 자유를 외치며 분신을 했던 곳도 카우나스의 미카엘 대성당 앞 '자유로'입니다. 사실 발트 지역은 유럽에서 맨 마지막으로 기독교를 받아들인 유럽의 변방입니다. 하지만 기독교로 개종한 발트인들은 유럽의 어느 지역보다도 깊은 신앙의 흔적을 남겨 왔습니다.

리투아니아의 시울라이에 있는 십자가 언덕은 이를 보다 구체적으로 보여주고 있습니다. 시울라이의 십자가 언덕은 1993년, 교황 요한 바오로 2세의 방문으로 그 이름이 세상에 널리 알려지게 되었습니다. 그러나 이 작은 언덕은 이미 교황의 방문과는 상관없이 리투아니아 사람들에게는 가장 소중한 신앙과 삶의 중심으로 자리했던 곳입니다.

평범하기 짝이 없는 시골 벌판의 아주 작은 언덕. 그리고 그 주변에 크고 작은 십자가가 빼곡하게 들어선 언덕은 어찌 보면 괴이하기까지 합니다. 서 있는 십자가의 수효가 얼마나 많은지 어떤 사람은 5만 개, 어떤 사람은 10만 개라고 할 정도입니다. 십자가 언덕의 유래는 제정 러시아 시대인 1800년대로 거슬러 올라갑니다. 1831년 가혹한 러시아 전제 정치가 지속하자 리투아니아인들의 대봉기가 일어났습니다. 이때 희생된 수많은 사람을 기리기 위해 시울라이 언덕에 십자가를 세우기 시작했다는 것이지요.

소비에트 연방 시절 가톨릭 신앙은 리투아니아의 민족정신을 상징했습니다. 유구한 기독교 신앙의 중심점인 십자가 언덕은 리투아니아의 민족정신과 소련의 독재 정치가 맞서는 싸움터가 되었지요. 시울라이 언덕에 십자가를 세우는 것은 리투아니아인들의 신앙고백이며 저항이었습니다. 소련군은 이들을 막을 수 없게 되자 탱크를 앞세워 수차례 시울라이 언덕의 십자가를 밀어버렸습니다. 십자가를 세우려는 리투아니아인과 십자가를 밀어버리려는 소련군 사이에 십자가 전쟁이 계속되었던 것입니다. 이 모든 무력과 탄압 속에서도 굴하지 않고 살아남은 것이 오늘의 십자가 언덕입니다.

지금도 리투아니아에선 소련이 탱크를 앞세우며 탄압했던 압제의 흔적이 있는 곳에는 십자가가 들어섰습니다. 살아있는 기독교 신앙은 반드시 삶과 역사를 담아냅니다. 시울라이 언덕의 '십자가 전쟁'이 이에 대한 생생한 증거입니다. 시울라이 언덕을 내려오는 길, 조국 교회의 신앙이 떠올라서일까요. 길게 드리워진 십자가 그림자가 새삼 무겁게 느껴집니다.

4.

잠을 주시는 하나님

잠을 19시간이나 잤습니다. 오후 1시부터 다음 날 아침 8시까지 잤으니까요. 엄청난 시간입니다. 잠을 자다가 중간에 일어나 시간도 모른 채 무언가를 먹었던 기억이 납니다. 그러고 나서도 계속 잠을 잤습니다. 잠을 자면서도 몸이 뜨거워져 열이 오르는 게 생생히 느껴졌습니다. 어깻죽지부터 이어진 근육들이 욱신대고, 숨을 쉴 때마다 신음 소리가 새어 나오는 걸 모두 알 수 있었으니까요.

아픔 가운데서 가장 견디기 힘든 것은 복통이었습니다. 얼마나 배가 아프던지 꿈속에서 아프고, 아프면서 꿈을 꿉니다. 기묘한 이야기가 꿈속에서 끊임없이 반복됩니다. 이젠 견딜 만하다고 안위하면서 더 깊은 잠을 청하지만, 어느새 달려온 통증이 배를 움켜쥐게 하고 다리를 오그라뜨립니다. 결국은 아픔을 이기지 못하고 일어나 화장실에 가서 배를 감싸고 한바탕 설사를 했습니다. 식은땀 범벅이 되었지요. 그러고 나서야 배가 어느 정도 평온해졌습니다.

신기한 것은 긴 잠을 자고 나면 몸이 한결 거뜬해진다는 것입니다. 몸살을 이겨낸 힘은 잠입니다. 잠만 한 보약이 없습니다. 하지만 잠만큼 홀대를 받는 것도 없습니다.

사람들은 목표를 이루기 위해 가장 먼저 포기해야 할 것을 꼽으라면 잠을 꼽습니다. 스탠리 코렌은 『잠 도둑들』(황금가지, 1999)에서 우리의 잠을 빼앗아 간 주범들에 대해 신랄하게 비판합니다. "전구를 발명한 에디슨이, 24시간 풀가동하는 시스템들이, 조금만 자야 성공한다고 말하는 성공 신화의 주인공들이 우리를 이부자리 밖으로 내몬다." 하지만 현대 사회는 이런 문명 비판에도 아랑곳하지 않고 인간이 가진 삶의 제약을 제거하려는 욕심을 꿈꿉니다.

미래학자 레온 크로이츠먼은 『24시간 사회』(민음사, 2001)에서 시간을 인간의 목적에 맞게 편집해서 사용하는 '24시간 사회'가 이미 시작되었다고 이야기합니다. 그런 세상이 바라보는 인간은 과연 어떤 존재일까요. 생명공학을 이용하여 신체 리듬 정도만 맞춰주면 인간에게 밤과 낮은 별 의미가 없다고 여기는 천박하고 단절된 존재의식입니다.

그런데 뇌에 대한 흥미로운 연구결과가 미국의 한 대학에서 발표되었습니다. 뇌는 낮에 깨어 있을 때 일을 하고, 밤에 잠을 잘 때는 쉰다는 게 통념이었습니다. 그러나 연구결과는 정반대입니다. 밤에 자고 있을 때 뇌는 쉬지 않고 맹렬하게 일을 한다는 것입니다

(경향신문, 2014.11.21). 뇌가 낮에 하는 일은 외부환경으로부터 정보를 활발히 받아들이는 일입니다. 밤에는 낮에 받아들인 정보 중에서 필요 없는 것을 삭제하고, 정리해서 치매와 같이 뇌 질환을 일으키는 독성물질을 제거하는 일을 합니다. 그러니까 잠을 잘 자는 것이 뇌를 위해 가장 필요한 일입니다. 그런데도 여전히 우리는 잠을 아끼려 합니다.

하나님의 시간은 저녁부터 시작됩니다. 쓸모없게 여겨지는 밤이 하나님께는 가장 우선되는 시간입니다. 밤에 잠을 잘 때 우리가 의식하지 못하는 우리의 깊은 의식을 하나님이 만져주십니다. 그리고 회복시키십니다. 뇌 과학은 이것을 부분적으로나마 입증하고 있습니다. 우리 삶이 피곤한 데는 이유가 있습니다. 잠을 아끼기 때문입니다. 잠을 회복하는 것이야말로 존재의 근원인 하나님께 이르게 하는 제대로 사는 삶의 증표이며 통로입니다. '잠 빚을 늘렸다가는 매우 비싼 대가를 치르게 될지도 모른다'라는 스탠리 코렌의 말은 하나님의 창조 질서를 외면하며 살아가는 모든 현대인에게 주는 경고입니다. "여호와께서 그의 사랑하시는 자에게는 잠을 주시는도다"(시 127:2).

5.

힘겨루기

가부장 문화를 이야기하는 것은 고루해 보입니다. 하지만 우리 사회의 바탕에는 가부장 문화가 짙게 깔려 있습니다. 몇 년 전 귀여운 아저씨, 귀여운 아버지 열풍이 분 적이 있습니다. 가부장적인 중압과 권위를 벗고 망가지는 아저씨를 보면서 친근하게 다가오는 인간을 새롭게 발견한 것이지요. 그래서 '아저씨돌'이라는 신조어가 유행하기도 했습니다. '초식남이 대세'란 말도 유행했는데 초식남이란 남자답다고 여겨지는 육식성과 반대되는 말입니다. 공격성이나 적극성이 거세된 남자, 정도의 의미가 되겠지요. 적극적인 대시를 하지 않는 이런 초식남들 때문에 여성들의 속이 타들어 간다는 사연이 심심치 않게 들립니다.

가부장적인 태도는 가부장을 제외한 모든 사람을 피곤하게 합니다. 그래서 나온 생존전략이 '아저씨돌'이고 '초식남'이라는 사회현상입니다. 전통적 관점에서 보면 귀여운 아저씨라는 말은 서글프기도 하고 측은하기도 합니다.

그러나 귀여운 아저씨는 소통의 언어입니다. 사람이 살아가는 데 가장 중요한 것은 소통입니다. 귀여운 아저씨는 우리 사회의 소통 수평축이 어디까지 왔는지를 보여줍니다.

그런데 소통이란 게 한 축만 있는 게 아닙니다. 수평축도 중요하지만, 더 중요한 것은 수직축입니다. 인간은 수평적으로만 소통한다고 행복하지 않습니다. 수평적인 소통만 강조하면 인간의 삶은 왜곡됩니다. 많은 사람이 수직적인 소통은 필요 없는 것으로 생각합니다. 그래서 하나님을 인정하지 않습니다. 하나님이 없는 것처럼 살아갑니다. 그렇다고 하나님과의 소통을 이루는 것, 수직축을 세우는 문제가 그렇게 쉬운 것은 아닙니다.

최근 개봉된 영화 〈엑소더스: 신들과 왕들〉(리들리 스콧 감독, 2014)은 모세의 모습을 통해 이를 잘 보여줍니다. 자신이 누구인지 몰랐을 때 모세는 자신의 권력으로 소통의 주도권을 가졌습니다. 그의 소통은 막힐 게 없었습니다. 하지만 자신이 히브리인임을 알게 되었을 때 그의 소통에는 문제가 생기기 시작합니다. 쭉쭉 뻗어나가던 소통의 수평축이 막히고 말았습니다. 이제껏 경험하지 못한 장애가 나타났습니다. 그의 내면에서 소통의 수직축이 작동하기 시작하면서부터입니다.

그런데 수직적인 소통의 축이 작동하면서 그의 내면에서 힘겨루기가 시작됩니다. 하나님과의 대화는 힘겨루기였습니다. 모세는 하나님을 거부합니다. 모세는 여전히 자신의 힘과 경험을 신뢰하면서 자신의 내면에서 들리는 존재의 소리, 하나님의 음성을 밀쳐냅니다. 그러던 그가 떨기나무 가운데서 들려오는 내면의 소리, 하나님을 마침내 받아들이고 따르게 됩니다. 모세의 힘겨루기가 끝나는데 40년이 걸렸습니다. 수직적인 소통은 이렇듯 어렵습니다.

우리 문화는 하나님과 힘겨루기를 부추깁니다. 할 수 있는 한 하나님을 들러리 세우려고 합니다. 인간이 하나님과 힘겨루기를 하면서 주로 내세우는 자원들은 물질이나 지위, 지식과 경험, 가지고 있는 힘과 인간관계 따위들입니다. 이런 것들을 가지고 우리는 모세처럼 말하곤 합니다. 하나님, 내 삶에 개입하지 마십시오! 하지만 하나님과 힘겨루기가 끝나고, 소통의 수직축이 열리고 나서야 비로소 모세는 모세가 되었습니다. 모세 이야기를 빌려서 소통의 수직축이 열려야만 인간은 비로소 제대로 된 인생을 살 수 있다고 말하는 것은 지나친 비약일까요? 성탄절입니다. 무엇보다도 소통의 수직축이 열리는 복된 성탄절이 되기를 기도합니다.

6.

성탄 캐럴 디스

크리스마스가 코앞인데 캐럴이 사라졌습니다. 요즘은 정말 캐럴을 부르지 않습니다. 올해 성탄을 맞으면서 이 현상을 더욱 절감합니다. 스마트폰으로 심심치 않게 받아보는 모바일 성탄 카드에 눈에 띄는 변화가 생겼습니다. 카드 화면을 보면 크리스마스트리가 서 있고 별과 아름다운 선물로 장식된 성탄 카드가 틀림없습니다. 그런데 배경음악과 그 안의 문구들은 성탄과는 상관이 없는 것들입니다. 이를테면 성탄 카드 안의 문구들은 '향기 있는 좋은 글' 같은 내용이 주종을 이루고 있습니다. 함께 나오는 음악도 널리 알려진 분위기 좋은 팝송이나, 인기 가요가 차지하고 있습니다. 우리 사회가 '크리스마스 캐럴을 디스disrespect하는 것인가' 하는 마음이 들어 참 당혹스럽습니다. 정말 그런 것일까요.

캐럴이 언제 시작되었는지는 확실하지 않습니다. 분명한 것은 캐럴의 시작이 매우 대중적이었다는 것입니다. 캐럴은 교회 음악의 엄격한 화성이나 음계에 구애되지 않고 당시 민중들이 즐겨 사용하던 음악과 리듬을 받아들이고 친근한 악기들을 사용했습니다. 또한 캐럴은 예수님이 탄생하신 마구간 앞에서 노래하며 춤을 춘 것을 기억하며 시작하였다고도 합니다. 흔히 캐럴의 시작을 12세기 성 프란시스에게서 찾는 것도 프란시스가 대중들에게 갖는 영향력을 반영한 결과일 것입니다. 크리스마스 캐럴은 대중의 삶과 감성을 아우르면서 세상과 소통하는 은혜의 수단으로 자리해왔습니다. 캐럴의 한 축이 은혜라면, 또 다른 축은 삶의 자리입니다.

크리스마스 캐럴과 연관된 가장 감동적인 스토리는 1차 세계대전 당시 프랑스 전선에서 일어났던 오웬 데이비스의 실화입니다. 영국 웨일즈에서 건너온 오웬 데이비스는 전선에 투입됩니다. 신참내기 오웬 데이비스는 쏟아지는 총탄과 칠흑 같은 어두움, 때때로 쏟아지는 진눈깨비 속에서 두려움을 이겨내면서 하루하루를 보냅니다. 유일한 낙이 있다면 아버지가 건네준 일기장에 일기를 쓰는 것이었습니다.

그러던 중 전선에서 크리스마스이브를 맞습니다. 밤이 한참 깊었는데 건너편 독일군 진지에서 한 병사가 크리스마스 캐럴을 부르는 소리가 들렸습니다. 성탄 전야, 전선에서 울려 퍼지는 캐럴은 비장하면서도 병사들의 마음을 흔들어 놓았습니다. 웅크리고 있던 오웬 데이비스는 자기도 모르는 사이 '저 들 밖에 한밤중에'라는 노래로 화답송을 부르기 시작했습니다. 순식간에 몇백 명의 양쪽 진영 병사들은 무장을 해제하고 진지 밖으로 뛰어나와 서로의 손을 잡고 하나가 되었습니다. 크리스마스 캐럴이 가져다준 짧은 기적의 향연이었습니다. 그날 오웬의 일기에는 이렇게 적혔있었답니다. "메리 크리스마스, 모두에게 사랑과 평화를!"

은혜의 축과 삶의 축이 연결되는 이런 캐럴을 부르고 싶습니다. 그런데 언제부터인지 캐럴이 상업주의에 포박당했습니다. 더이상 평화와 사랑의 소통을 불러오지 못하는 캐럴이 되었습니다. 게다가 사람들 눈에 띄는 거대하고 아름다운 성탄 트리들은 사람들에게서 평화와 사랑의 마음을 불러일으키는 게 아니라 불화를 일으키는 발화점이 되었습니다. 김포 애기봉 성탄트리가 그 한 예입니다. 동기의 순수성을 아무리 강변해도 받아들이는 상대방이 아니라고 하면 동기와 방법이 올바른지 돌아볼 일입니다. 성탄트리 때문에 지역 주민들이 불안해한다면 더더욱 그리해야 합니다. 소통하시려고 오신 예수님의 이름으로 세상과의 단절이 깊어지다니요.

이런 성탄의 경험들이 쌓이면서 많은 사람이 기독교 신앙을 일방주의로 오해합니다. 기독교에 대한 이런 오해가 기독교 성탄 문화에 대한 반감으로 은연중 작용하여 캐럴 없는 성탄을 부추기는 문화적 '디스'로 나타나는 것은 아닌지 우리 자신을 깊이 성찰해야 할 때입니다.

7.

나눔책방

새해가 시작되었습니다. 누구에게나 새해에는 거창한 개혁은 아니어도 달라져야 한다는 마음이 있습니다. 우리야 송구영신 예배를 드리면서 새해를 시작하지만, 누구는 종로 보신각종 앞에서, 누구는 정동진에서, 누구는 남산에서, 누구는 동네 뒷산에 올라 한껏 의미를 부여하며 새해를 맞습니다. 많은 결심도 합니다. 하지만 작심삼일. 평범한 일상은 어쩜 그리 쉽게 다가오는지, 새해 달력의 첫 장을 채 넘기기도 전에 그 빛이 바래고 맙니다.

예로부터 사람들은 일신우일신日新又日新을 소망했습니다. 또한 "이전 것은 지나갔으니 보라 새것이 되었도다!"라고 새로운 삶을 선언하는 성경 구절을 사랑했습니다. 하지만 현실은 요지부동, 눈에 띄는 변화가 일어나지 않습니다. 결국, 새로운 삶을 향한 소망은 특별한 시기에만 찾아오는 관성 법칙일 것이라는 회의가 늘 고개를 들곤 했습니다.

새해가 오기 며칠 전, 기독교 서점 한 모퉁이에서 우연히 선배 목사님을 만났습니다. 뜻밖의 만남은 항상 반갑지요. 인사를 나누고 이책 저책 뒤적이는데 폴 트립Paul D. Tripp의 『돈과 섹스』라는 책을 선물로 건네받았습니다. 서점에서 책 선물을 받는 것은 참 기분 좋은 일입니다. 선배는 최근 읽은 책 중에서 마음에 깊이 남는 책이라며 빼어난 작가를 만난 기쁨을 감추지 못했습니다. 현대 사회에서 하나님의 대용품으로 가장 강한 위력을 발휘하는 돈과 섹스에 대한 탁월한 통찰을 제공해 준다고 말입니다.

그의 말에 힘이 실리는 듯하더니 개혁과 새로운 삶에 관한 이야기로 주제가 옮겨갔습니다. 요지는 책을 읽지 않고는 새로운 삶, 개혁은 일어날 수 없다는 것이었습니다. 오늘 한국교회 현실이 어려운 것도 책을 읽지 않는 데에 문제의 근원이 있다는 것이었습니다. 뻔한 말인데 뻔하게 들리지 않았습니다. 오히려 그의 말이 담고 있는 진정성에 흠뻑 빠졌습니다. 그는 자신의 말을 몸으로 실천하고 있었습니다. 그가 책을 선물로 건네준 것도 이를테면 그가 가진 확신의 표현이었던 것입니다.

그는 지난해 가을부터 스마트폰 밴드BAND에 〈나눔책방〉을 열었다고 했습니다. 좋은 책을 읽고 나누는 운동을 시작한 것입니다. 그의 말을 듣고 저도 얼른 가입했습니다. 제가 99번째 회원이었으니 오늘쯤 100명이 넘었을지도 모르겠습니다. 〈나눔책방〉의 운영 가이드 라인은 이렇습니다. "① 한 명이 한 달에 한 권의 책을 받을 수 있습니다. ② 책을 받으면 기증해 준 사람에게 인사말을 남겨주세요. ③ 좋은 책을 읽고 기증자가 되어주세요. ④ 주변 교역자들에게 소개해주세요. ⑤ 받아서 읽은 책 소감을 적어 주세요. 감사!" 아주 간단하지요?

〈나눔책방〉을 둘러보니 많은 사람이 자신이 읽은 책을 소개하고, 기증하고 있었습니다. 책을 받아보기를 요청하는 사람 또한 많았고요. 〈나눔책방〉의 책 중매가 생각 이상으로 활발했습니다. 짧은 기간에 실제로 100명의 회원이 200여 권의 책을 나누어 읽었으니 적은 게 아닙니다. 게다가 회원들이 서로 올리는 책 정보는 제법 쏠쏠한 재미를 제공해 줍니다. 이런 모바일 커뮤니티가 있다는 게 뿌듯했습니다.

나눌 것이 있다고 믿으며 책을 통해 이를 실행하는 〈나눔책방〉 사람들. 이렇듯 미미해 보이지만 일상에서 작은 실천의 발걸음을 꾸준히 내디딜 때, 새로운 삶은 그제야 모습을 드러내는 기쁨의 총합일 것입니다. 우리식의 〈나눔책방〉을 시작했으면 좋겠다는 마음이 드는 걸 보면 새로운 삶은 진정성 있는 작은 실천에서 생겨나는 것이 분명합니다.

8.

내가 꿈꾸는 여행

문득 여행을 떠나고 싶다는 생각을 하고 있다가 공지영의 『수도원 기행2』(분도출판사, 2014)를 만났습니다. 작가는 책에서 자신이 만난 하나님과의 은밀한 대화를 공개하며 "구원은 강도와도 같이, 납치범과도 같이 왔다"라고 말합니다. 이런 그의 영적 체험이 일어난 곳이 수도원 공간이었다는 게 흥미롭습니다. 수도원 공간은 작가의 일상적 삶에 균열을 내는 장소이며 하나님의 새로운 세계에 기꺼이 점령당하는 거룩한 제단이 되었습니다. 그의 기행은 수도원을 아주 특별한 곳으로 생각하게 합니다. 오랜 기독교 영성의 깊은 전통이 숨쉬는 곳이라는 의미부여 말입니다. 그리고 꿈꾸게 합니다. '나도 수도원 순례를 떠나고 싶다!'

또 하나. 우연히 역사상 가장 타락한 교황으로 손꼽히는 알렉산더 6세의 생애를 만났습니다. 흥미진진했습니다. 그는 로드리고 보르지아라는 이름을 가진 스페인 사람으로 1492년에 교황이 되었습니다. 그는 세 명의 아들을 두었는데 둘째 아들 체사레는 마키아

벨리의 『군주론』의 실제 모델이었다고 합니다.

그의 생애를 관통하는 단어가 있습니다. 탐욕입니다. 개인적인 탐욕과 그것을 가능하게 한 제국주의 종교, 가톨릭의 탐욕적인 모습입니다. 그는 인간의 탐욕이 가진 끔찍한 민얼굴을 고스란히 보여줍니다. 그는 25살에 교황청의 돈을 관리하는 부상서관이란 고위직에 오릅니다. 본격적인 치부가 시작되었지요. 그의 치부는 교황청의 재산을 착복하는 것에서부터 흉악한 살인범의 죄를 돈을 받고 사면해 주는 것까지 수단과 방법을 가리지 않았습니다. 재산은 기하급수적으로 불어났습니다.

그의 탐욕은 여성 편력에도 거침이 없었습니다. 수많은 여자를 정부로 거느렸고 이들로부터 여러 명의 아들과 딸을 두었습니다. 심지어 알렉산더 6세는 교황이 된 이후에도 교황궁에 정부를 데리고 들어와 함께 살기까지 했습니다.

권력에 대한 탐욕은 더 말할 것도 없습니다. 그는 교황을 선출하는 '추기경 비밀회의'에 참석한 추기경들을 엄청난 돈으로 매수하여 교황이 되었습니다. 알렉산더 6세는 교황에 선출되자마자 아들 하나는 교황청 근위대장으로, 또 다른 아들은 추기경으로 임명을 했습니다. 이들은 갓 20살을 넘긴 풋내기들이었습니다. 또 미모를 자랑하던 자신의 딸을 세 번씩이나 정략 결혼시켰습니다. 교황은 이탈리아를 놓고 벌어지는 권력 다툼에서 자신의 권력을 유지하기 위해 망설임 없이 딸을 이용한 것입니다.

당시 이탈리아는 나폴리, 피렌체, 밀라노, 베네치아 등의 여러 도시 국가로 분열되어 있었습니다. 1494년, 나폴리의 왕위를 요구하면서 프랑스 샤를 8세가 침공해왔습니다. 기나긴 이탈리아 전쟁의 서막이 오른 것입니다. 1차 이탈리아 전쟁은 로마 교황령에 대한 직접적인 위협이면서 교황의 영향력을 가늠할 잣대였습니다. 그러니 교황 알렉산더 6세는 자신의 권력을 유지하기 위해 얼마나 발버둥 쳤겠습니까. 세속 권력자들의 권모와 술수는 교황 앞에서는 한 수 아래였습니다. 그런 그에게도 르네상스를 후원한 교황이라는 긍정적 평가를 내리기도 합니다. 하지만 그는 가톨릭의 악한 교황 목록에서 항상 맨 앞자리를 차지하는 인물입니다.

개신교 입장에서 그의 공헌을 꼽는다면 프로테스탄트 종교개혁에 단단히 일조했다는 점입니다. 불현듯 알렉산더 6세의 발자취를 생생하게 더듬어보고 싶다는 마음이 일어납니다. 상상만 해도 흥겹습니다. 신앙과 문명의 대전환을 불러일으킨 종교개혁의 수많은 원인 가운데 단 하나의 현장만이라도 꼼꼼히 살펴보고 경험할 수 있는 진짜 여행에 대한 기대 말입니다. 그러고 보니 2017년 종교개혁 500주년이 코앞입니다.

9.

뷰티풀 라이

우리는 종종 거짓말 같은 이야기를 만납니다. 너무 믿을 수가 없어서 그 이야기에 '미라클' 혹은 '어메이징'이라는 수식어를 붙이기도 합니다. 〈뷰티풀 라이Beautiful Lie〉(필리프 팔라도 감독, 2019) 라는 영화가 그렇습니다. 영화는 수단 내전과 그 과정에서 생긴 난민들, 특히 네 명의 '잃어버린 아이들'을 그리고 있습니다. 수단 내전에서 생긴 고아들을 '잃어버린 아이들'이라고 합니다. 이들은 반군에게 총알받이로 강제로 끌려갈까 봐, 군인들의 횡포에 시달려 목숨을 잃을까 봐 고향을 떠난 아이들입니다. 목숨을 부지하려고 수천 ㎞를 걸어서 케냐 난민촌으로 피난 가는 아이들이지요. 그 길은 굶주림과 죽음의 위협이 도사리는 길입니다.

영화 속 아이들(마메르, 예레미야, 폴, 아비탈)은 기적처럼 고난의 행군을 이겨내고 케냐의 난민촌 '카쿠마'에 도착합니다. 13년이 흐른 뒤, 성인이 된 이들은 거대한 난민 재정착 프로그램을 통해 꿈에도 그리던 미국에 둥지를 틀게 됩니다. 영화에는 거짓말이길 바라는 현실 세계의 부조리한 모습이 끔찍하고도 생생하게 묘사됩니다. 그리고 이런 부조리를 뚫어내는 사람들의 아름다운 거짓말도 등장합니다.

제목을 '아름다운 거짓말'이라는 말로 장식해도 어색하지 않게 만드는 영화적 배경들이 여럿 있습니다. 리스 위더스푼이 연기한 캐리의 모습이 대표적입니다. 캐리는 수단 난민의 미국 정착을 돕는 직업 알선 상담사입니다. 리스 위더스푼은 그녀의 이지적인 캐릭터를 바탕으로 실용적인 미국인의 전형을 잘 보여줍니다. 남의 일에 상관하지 않고 자신만의 세계에 갇혀서 기쁨 없이 하루하루 살아가는 사람 말입니다. 그런 캐리가 마메르와 형제들을 만나면서 변해가기 시작합니다. 마메르와 형제들이 미국에 들어오면서 여동생 아비탈과 어쩔 수 없이 헤어지게 된 이야기가 마음에서 계속 울리는 것입니다.

이들을 도우려고 백방으로 애를 써 보지만, 길은 오직 하나뿐입니다. 누군가 아비탈을 입양하는 것입니다. 그렇다면 누가? 결국, 캐리는 아비탈을 입양해야만 하는 상황으로 자신을 몰아넣고, 아비탈을 입양합니다. 아비탈과 오빠들이 만나는 장면은 정말 행복합니다. 고립을 탈피하고 연대하는 아름다운 인간의 모습을 담담하게 보여주는 참 좋은 영화. 여기까지만 해도 이 영화는 메시지를 제대로 버무려 맛을 낸 아주 매력적인 영화입니다.

하지만 영화가 주는 마지막 울림은 헤비급입니다. 미국 생활에 적응해가고, 의학 공부를 하기 위해 열심히 준비하던 마메르에게 난민촌에서 편지가 한 통 날아옵니다. 발각된 군인에게 '나 혼자 낙오' 되었다는 거짓말로 자기와 동생들을 살렸던 형 테오가 살아 있다는 것이었습니다. 죽은 줄 알았던 형 테오를 찾기 위해 케냐 난민촌으로 날아간 마메르는 마침내 형을 만납니다. 그리고 마지막 장면. 마메르는 형을 건져내 미국으로 들여보내려고 거짓말을 합니다. 마메르가 형 테오의 거짓말 때문에 살 수 있었던 장면이 겹치는 명장면입니다.

'뷰티풀 라이'가 주는 감동은 밑바닥에 깔린 자기희생에서 옵니다. 형 테오가 동생들을 구하기 위해 자신을 희생했던 것처럼, 동생 마메르 역시 15년 후 형 테오를 위해 자신을 희생합니다. 그리고 이들의 이야기는 지구를 돌고 돌아 우리에게까지 왔습니다. 자신만을 위해 오로지 빨리 가는 길만 찾는 우리에게, 희생하고 연대하는 사랑이 삶을 얼마나 빛나게 하는지를 일깨워주는 망치가 되어서 말입니다. 온통 자기 이익만 챙기는 삭막한 현실에서 생명을 풍성하게 일구어내는, 그런 삶을 촉발하는 거짓말 같은 이야기의 주인공이 될 수 있다면 얼마나 좋겠습니까. "빨리 가고 싶다면 혼자 가라. 멀리 가고 싶다면 함께 가라"(아프리카 속담).

10.

시속 4㎞ 인생

인간은 시속 4㎞의 속도로 걸을 때 세상을 가장 아름답게 느낀다고 합니다. 하나님께서 인간을 그렇게 창조하셨기 때문이지요. 인간의 속도를 회복할 수 있다면 오늘날 복잡한 세상의 모든 문제도 풀릴 것이라는 견해가 있습니다. 정말 그럴 것 같습니다.

걷기에 대해서 말하자면 그 유명한 베르나르 올리비에가 떠오릅니다. 그는 터키의 이스탄불에서 출발해서 중국의 시안까지, 실크로드 1만 2천㎞를 장장 4년에 걸쳐 걸었습니다. 그 결과물이 『나는 걷는다』라는 책입니다. 멀리 가지 않아도 해마다 연말이면 일주일씩 '걷기도'를 7년째 하는 친구도 있습니다. 이들은 모두 걷기에 대해서 일가견이 있는 사람들입니다.

이런 사람들에 비할 바는 전혀 못 되지만 저도 걷기를 시작했습니다. 걷는 것은 너무나도 당연한 일인데 걷기를 시작했다고 말을 하고 보니 조금 민망하기도 합니다. 두어 달 전입니다. 밤잠을 이루지 못하고 끙끙대며 밤을 꼬박 새울 만큼 넓적다리가 땅기고 아팠습니다. 처음에는 감기몸살인 줄 알고, 이번 몸살은 근육통도 유별나게 심하다는 생각을 했습니다. 그런데 아무래도 이상해서 아픈 증상을 검색해보니 영락없는 디스크 증상이었습니다. 아침 일찍 서둘러 디스크를 잘 본다는 병원을 찾았습니다.

의사는 무미건조하게 MRI를 찍자고 하더군요. MRI 사진은 '퇴행성 추간판 탈출증', 즉 허리디스크를 분명하게 보여주고 있었습니다. 의사는 간단한 시술(수술이 아니라고 강조하더군요)로 말끔하게 병이 나을 수 있다면서 시술을 당장 하자고 서둘렀습니다. 통증이 싹 사라진다는 말에 귀가 얼마나 솔깃하던지 아내의 만류가 없었다면 시술을 받았을 것입니다. 다행히 시술을 받지 않고 약 처방과 물리치료만 받고 나왔습니다.

그런데 디스크 진단을 받고 보니 웬일입니까, 주변에 온통 디스크 환자들이었습니다. 이들은 이구동성으로 수술은 절대 받지 말라고 합니다. 근육을 강화해주는 것 외에는 다른 치료 방법이 없다는 것이었습니다. 이들은 운동을 하라고 강력하게 추천해 주었는데 그 운동이 걷기입니다. 허리 근육을 강화해주는 최고의 운동인 걷기를 그날로 시작했습니다.

집에서 교회를 직선으로 걸어가면 10분 정도 걸리는데 근린공원이 있는 산 쪽으로 빙 돌아가면 25분 정도 걸렸습니다. 스마트폰에 있는 앱으로 발걸음을 세어보니 2,400여 걸음이 나왔습니다. 이 길을 하루에 두 번만 왕복하면 하루 1만 보는 족히 걷겠구나! 계산이 나왔습니다. 목표는 하루 1만 보로 잡았습니다. 그리고 일주일에 최소 한번은 2만 보를 걷는다고 마음먹었지요. 열심히 걸었습니다.

한번은 광화문에서 집으로 돌아오는 길에 청계천을 걸었습니다. 청계천은 날씨가 꽤 쌀쌀했지만, 나무마다 봄이 막 터져 나오고 있었습니다. 봄을 어찌 감출 수가 있겠습니까. 그날 청계천에는 걷는 사람들이 참 많았습니다. 하지만 마음에는 사람들도, 풍경들도 음미할 여유가 없었습니다. 온통 오늘은 몇 걸음이나 걷게 될까, 어느 정도의 속도로 걸어야 운동이 될까 하는 조바심으로 가득했거든요.

매일 1만 보를 채워야 한다는 게 고민입니다. 처음에는 운동효과에만 집착하는 자신의 모습이 낯설고 싫었습니다. 그런데 하루하루 1만 보를 걸으면서 요 20년 이래 요즘처럼 시속 4㎞에 근접한 적이 없었다는 걸 깨닫습니다. 그런데도 내 삶에 아름다움과 여유로움이 찾아왔느냐는 여전히 의문부호입니다. 4㎞의 물리적인 속도와 인생의 속도를 맞추려면 포기하고 덜어내야 할 것들이 적지 않음을 깨닫습니다. 겁을 먹고 덜어내지 못하면서 머뭇거리는 전과 다름없는 이 모습을 언제나 떨쳐버릴 수 있을까요?

11.

업그레이드된 객실의 비밀!

아들이 입대를 했습니다. 어느새 신병교육대 5주 훈련을 잘 마치고 퇴소식을 한다고 연락이 왔습니다. 열일을 제쳐놓고 퇴소식에 참석했습니다. 얼굴이 까무잡잡하게 탔더군요. 퇴소식을 위해 꽤 오랜 시간 공들였을 군무를 보면서 가슴이 뭉클했습니다. 요즘은 부모에게 이등병 계급장을 달아주게 하더군요. 아들에게 “고생했다, 자랑스럽구나” 하면서 계급장을 달아주었습니다. 퇴소식이 끝난 후 외출을 시켜주더군요. 여섯 시간의 외출! 햇병아리 이등병들에게 꿀맛과 같은 군 생활의 첫 보상이 주어진 것이지요.

그런데 이 여섯 시간을 담아낼 공간을 마련하는 게 문제였습니다. 신교대 인터넷 카페에 들어가 보니 부대 인근의 펜션을 주로 이용하는 것 같았습니다. 하지만 부대가 관광지에 인접해있지 않아서인지 펜션이 많지 않았습니다. 어렵사리 펜션을 검색해도 가격이 만만치가 않았지요. 겨우 한나절을 사용하는데 요금은 터무니없이 비쌌습니다. 마음이 영 개운치 않았습니다. 다시 인터넷 검색을 해

보니 멀지 않은 곳에 리조트가 있는 게 눈에 뜨였습니다. 게다가 가격도 펜션의 절반도 안 되었고요. 얼마나 기쁘던지 돌아보지도 않고 예약을 했습니다. 그런데 예약을 마치고 다시 보니, 아뿔싸! 입실 시간이 오후 3시부터였습니다. 퇴소식은 오전 11시에 끝나는 데 난감하더군요.

리조트로 전화를 했습니다. 매니저를 바꿔 달라고 했습니다. 도움이 필요하다고 이야기했지요. “아무 날 11시부터 리조트를 사용할 생각을 하고 예약을 했는데, 예약을 마쳐놓고 보니 오후 3시부터 입실인 것을 알게 되었습니다. 매니저께서 도와주실 수 있을까요? 아들이 퇴소식을 마치고 잠깐 식구들과 쉬었다 가려고 하거든요.” 그러자 매니저는 아주 시원하게 응답을 해주었습니다. “상황을 잘 알겠습니다. 이해가 되었습니다. 제 이름을 알려드릴 테니 퇴소식을 마치고 와서 저를 찾으십시오. 11시부터 방을 사용하도록 해드리겠습니다.” 걱정했던 아들과 보낼 공간문제가 한순간에 해결되었습니다.

퇴소식을 마치고 리조트에 도착했습니다. 매니저를 찾았지요. 며칠 전에 이러저러한 전화를 한 사람이라고 했더니 금방 알아보았습니다. 그런데 매니저가 난감한 표정을 짓는 것이었습니다. 예약한 원룸형은 아직 청소가 덜 끝났다는 것이었지요. 부득이 상급 객실을 드리려고 하는데 괜찮겠냐고 했습니다. 이런 기쁨이 어디 있겠습니까. 매니저는 방으로 들어가는 내게 참으로 정중했던 전화

통화, 아들에 대한 호소력 있는 이야기가 기억에 남았다는 말을 덧붙였습니다. 매니저의 호의로 아들과의 여섯 시간은 생각했던 것보다 훨씬 더 넓고 편안한 곳에서 호사스럽게 지냈습니다.

그날 제가 매니저에게 받은 진짜 선물은 상급 객실보다 더 큰 선물이었습니다. 까마득히 잊고 있던 사람에 대한 따뜻한 공감이 가져다주는 뿌듯한 신뢰였습니다. 공감은 유쾌하고 즐겁습니다. 다른 사람이 나를 공감해 주는 것은 즐겁고 신나는 일입니다. 또한, 내가 다른 사람을 공감해 주는 것은 그 사람에게 큰 기쁨을 선물로 주는 것입니다. 인간은 논리나 당위로 사는 게 아니라 공감으로 산다는 말이 있습니다. 그렇습니다. 하나님은 인간을 공감하는 존재로 만드셨습니다. 공감이야말로 인간을 인간답게 하는 가장 큰 능력입니다.

"즐거워하는 자들과 함께 즐거워하고
우는 자들과 함께 울라" (롬 12:15)

12.

인간 존중

2002년도에 독일을 방문했을 때입니다. 프랑크푸르트 공항에 내리자 낯선 장면에 눈이 휘둥그레졌습니다. 사람들이 공항 안에서 버젓이 담배를 피우고 있었습니다. 당시 국내에서는 금연 열풍이 불면서 공항이나 대합실 같은 공공장소에서는 담배를 피울 수가 없었습니다. 부득이하게 담배를 피우려는 사람은 흡연실을 찾아야 했습니다. 좁은 유리 밀실 안에서 옹기종기 모여 담배를 피우는 애연가들의 모습은 참 처량해 보였습니다. 얼굴 한 번 본적 없는 낯선 사람들과 그 좁은 공간 안에서 얼굴을 그렇듯 가까이 대고 담배를 피우는 모습은 고문에 가까워 보였습니다. 그런데 공항에서 담배를 그렇게 대놓고 피우다니. 이해가 되지 않았습니다.

독일 사람들의 이야기는 이런 것이었습니다. "담배를 피우는 사람에게도 흡연의 권리가 있다. 그것을 금연의 논리만 가지고 박탈하는 것은 폭력적이다. 공항 환기 시설에 더 많은 투자를 해서 깨끗한 공기를 공급하는 것이 금연 지역을 선포하는 것보다 훨씬 인간적이다." '훨씬 더 인간적'이란 말에 머리가 쭈뼛했습니다. 이제껏 금연은 모두를 위한 인간적인 조치라는 생각을 해 왔는데 생각해 보니 일방의 생각일 수도 있다는 깨달음이 온 것입니다. 흔히 도덕적 잣대를 가지고, 혹은 내가 싫어하는 낯선 일이니까 그렇게 해도 문제없다는 데 익숙했던 생각의 방식을 돌아보는 계기를 갖게 된 것이지요. 지금도 프랑크푸르트 공항에서 담배를 피우는지 알 수 없지만 뿌연 담배 연기를 통해 눈이 환히 밝아지는 경험을 했다고나 할까요.

이왕 독일 이야기가 나왔으니까 경제학자 김기원 교수가 들려주는 이야기를 소개해보지요. 한 번은 독일에서 지하철을 탔답니다. 열차가 역에 도착했는데 문이 열리지 않더랍니다. 한국처럼 문이 자동으로 열리기를 기대했던 것이지요. 그런데 독일 지하철은 열차가 서면 승객이 문을 스스로 열고 내리는 구조였던 것입니다. 김기원 교수는 그 경험을 통해 독일 사회의 시스템을 이야기합니다. 독일 사회는 소비자가 더 많이 움직여야 하는 불편한 나라라고.

한국이나 일본은 소비자가 왕입니다. 그런데 소비자가 왕이 되려면 노동자는 더 많이 움직여야 합니다. 노동자의 권리가 침해될 소지가 굉장히 큰 겁니다. 독일 사회는 지하철 문 여는 것에서부터 전자제품 고치는 것까지 소비자가 많은 걸 스스로 해결하고 챙겨야 하는 사회인 것입니다. 그래서 생긴 말이 '서비스 사막 독일'이라는 말이라지요. 요컨대 소비자가 노동을 분담하는 만큼 노동자의 권리가 보장되는 사회인 셈입니다. 짧은 독일 이야기 속에 독일 사회를 관통하는 키워드가 보입니다. 인간 존중입니다. 사회시스템 안에 인간에 대한 배려가 깊이 담겨 있습니다.

곳곳에서 인문학의 위기를 말합니다. 고등학교 학생들이 문과를 지원하지 않는답니다. 대학은 인문학과들이 고사 위기랍니다. 취업이 안 되기 때문에 학생들이 기피한다는 것이지요. 인문학의 위기는 곧장 인간 존중의 위기로 연결됩니다. 우리 사회에 만연해 있는 안전 불감증은 공학적인 차원의 문제가 아닙니다. 인간 존중의 사회시스템을 구축해주는 인문학의 부재에서 오는 위기입니다.

하긴 누굴 탓하겠습니까. '대안연구공동체'와 '기독인문학연구원'에서 공동 개설한 〈루터의 종교개혁: 역사의 눈에 비친 빛과 그림자〉라는 기독인문학 강좌가 5명의 수강생이 없어 폐강되는 현실에서 말입니다. 루터의 종교개혁 500주년이 3년 앞으로 다가왔는데 이에 대한 깊은 성찰 없이 눈에 보이는 행사 마련에만 급급한 한국교회의 현실이 못내 불안하기만 합니다.

13.

괴물

2006년 〈괴물怪物〉이란 영화가 개봉되어 1,000만 관객을 모았습니다. 한강에 미군 부대에서 내버린 독극물이 방류되고 그 후 원인을 알 수 없는 괴물이 한강에 출몰하여 사람들은 엄청난 공포에 휩싸입니다. 괴물에게 딸을 납치당한 주인공이 괴물을 찾아 괴물로부터 딸을 찾아오는 것이 영화의 기본 얼개입니다. 이 영화를 만든 봉준호 감독이 괴물이란 캐릭터를 만들 때 가장 역점을 둔 것은 일상적인 공간에서 경험할 수 있는 현실감이었다고 말합니다. 매일 출퇴근하면서 만나는 한강이라는 공간에 등장하는 괴물은 한강처럼 현실적이어야 한다는 것이지요.

봉 감독의 착안은 매우 예리합니다. 괴물은 우리 앞에, 매일, 마주 서 있는 존재라는 발상 아닙니까. 괴물이 친근한 한강에 숨어 있는 것처럼 우리가 마주하는 현실의 괴물 또한 그 모습을 감추고 드러내지를 않습니다. 영화 〈괴물〉이 흥행에 성공할 수 있었던 요인은 친근감, 혹은 현실성일 것입니다. 잡혀간 딸을 구해내는 아버지의 모습 역시 현실의 친근한 아버지입니다. 그 아버지는 우리 주변에서 늘 볼 수 있는 적당히 게으르고 무능한, 전혀 낯설지 않은 아버지입니다. 대신 엄청난 무력과 힘을 가진 경찰이나 공권력은 허둥대기만 합니다. 현실을 돌아보면 영화 속 괴물 퇴치 솔루션은 영화 속 상상으로만 끝나는 게 아닙니다.

괴물의 사전적 정의는 '괴상하게 생긴 물체'입니다. 형태적으로 보면 그 모습을 금방 알아차릴 수 있다는 말이지요. 하지만 괴물은 더 이상 생김새로 구별되지 않습니다. 오늘 우리에게 괴물의 의미는 사회적, 관계적인 측면에서만 포착됩니다. 괴물은 인간 사회의 규범과 인격적 관계를 파괴하고 심지어 인간의 삶을 파멸에 빠뜨리는 존재입니다. 따라서 괴물이 그 모습을 드러낼 때는 이미 손쓸 수 없는 경우가 대부분입니다.

2015년 6월 17일 미국 사우스캐롤라이나의 찰스턴 임마누엘 흑인감리교회에서 총기 난사 사건이 일어났습니다. 선량한 9명의 사람이 목숨을 잃었습니다. 범인은 21살 된 백인 우월주의자 딜런 루프입니다. 딜런 루프가 검거된 후에 그가 운영했던 '마지막 로디지아Rhodesia인'이란 사이트가 공개되었습니다. 사이트 이름에서 보듯 딜런 루프는 로디지아 공화국의 후계자임을 자처하고 있습니다. 남아프리카 내륙에 위치했던 로디지아 공화국은 1965년 11월 11일 3%밖에 안 되는 백인 우월주의자들에 의해 일방적으로 독립을 선언한 나라입니다. 하지만 전 세계의 어느 나라에서도 인정을 받지 못하고 역사 속으로 사라졌습니다.

지도상에서 로디지아 공화국은 사라졌지만 로디지아 공화국의 영토는 인간의 편견과 증오를 자양분 삼아 그 영역을 꾸준히 유지해오고 있습니다. 딜런 루프는 백인우월주의 선언문에서 "아이큐가 낮고 충동 억제를 못 하는 니그로 그들은 유대인, 히스패닉과 함께 적"이라고 으르렁거립니다. 이와 같은 증오심은 평소에 딜런 루프의 마음속에서 그 모습을 드러내지 않고 은밀하게 자라났을 것입니다. 딜런 루프는 모두에게 친숙한 일상의 얼굴이었지만 결정적인 순간에 괴물로 그 모습이 돌변했습니다.

딜런 루프의 증오 범죄로 사랑하는 가족을 잃은 사람들의 절규는 우리의 마음을 울립니다. "내게 세상에서 가장 아름다운 사람이 죽었습니다. 내 몸의 살점 하나하나가 아픕니다. 이제 다시는 예전처럼 살아갈 수 없을 것입니다. 그럼에도 당신을 용서해달라고 하나님께 기도합니다." 이들의 고백은 편견과 증오를 이길 힘의 원천은 일상에서 경험하는 친근한 사랑임을 일깨워줍니다. 딜런 루프가 경찰에서 했던 말은 이 사실을 분명히 보여줍니다. "교회에 있던 모든 사람이 내게 친절함을 베풀어서 계획한 범행을 실행하지 못 할 뻔했다." 현실에 숨어있는 괴물을 세상에 나오지 못하게 하는 것은 증오보다 조금 더 큰 일상의 구체적 사랑입니다. 사랑과 감사만이 사람을 괴물로부터 지켜줍니다.

14.

표준시

북한이 광복 70주년이 되는 2015년 8월 15일 0시를 기해 표준시標準時를 동경 135°에서 127.5°로 변경했습니다. 그전보다 30분 늦춰지는 북한 표준시는 '평양시'라고 명명한다고 합니다. 북한은 표준시를 변경하는 이유를 일본 제국주의자들에게 빼앗긴 시간을 되찾으려는 데 있다고 발표했습니다. 우리 한반도의 원래 표준시는 동경 127.5°인데 일제가 일본 표준시인 동경 135°로 강제 병합했다는 것입니다.

우리나라의 표준시는 여러 차례 변경되었습니다. 1908년, 대한제국이 표준시를 처음 도입하면서 잡은 기준은 동경 127.5°입니다. 일본에 강제 병합되고 난 후인 1912년도에 우리나라 표준시는 일본 표준시인 135°로 통합되었습니다. 1954년 한국전쟁이 끝나고 일제 청산을 기치로 내걸면서 다시 127.5°로 복원되었습니다. 하지만 이는 오래가지 못했습니다. 1961년 박정희 대통령에 의해 다시 일본 표준시인 135°로 환원이 되었습니다. 이때의 명분은 한국과 일본에 주둔해 있는 미군의 작전 수행에 지장이 생길 수 있다는 것이었습니다.

눈여겨보아야 할 게 있습니다. 남한에서도 현재의 표준시를 한반도 표준시로 복원하려는 시도가 여러 차례 있었던 점입니다. 1993년 김영삼 대통령이 표준시 조정을 검토했다가 현행을 유지하기로 하였고, 조순형(2000), 허천(2005), 박대해(2008), 조명철(2013) 의원 등이 대표 발의해서 국회에서 표준시 관련법 개정안을 냈지만 결실을 맺지 못하였습니다. 그런데 표준시 개정안을 낸 의원들이 주로 친여 성향이라는 사실은 매우 흥미롭습니다.

2008년 박대해 당시 한나라당 의원의 발표문은 지금 읽어보아도 의미심장합니다. “일본을 지나는 동경 135도 표준자오선은 대한민국의 동쪽 끝 독도에서도 약 278㎞나 떨어져 있다. 일본의 표준자오선을 표준시로 삼는 것은 시간적 독립을 쟁취하지 못하고 있음을 뜻한다.” 그는 시간의 독립을 쟁취해야 국가의 정체성과 국민의 자존심을 회복할 수 있다는 것을 분명히 했습니다.

원래 표준시 개념이 도입된 것은 각 사회에서 자체의 태양시를 사용함으로 생겨나는 혼란을 해소하기 위해서였습니다. 특히 19세기 후반 대륙을 관통하는 철도가 지나는 캐나다와 미국에서는 서로 다른 지방시時 때문에 철도 시간표의 혼란이 컸습니다. 그래서 공학자 샌드퍼드 플레밍을 중심으로 표준시 윤곽이 만들어졌고, 마침내

1884년 27개국 대표들이 워싱턴 DC에 모여 현재 사용하는 것과 같은 그리니치 자오선을 중심으로 한 표준시간대에 합의하게 되었습니다.

표준시를 사용하려면 두 가지가 꼭 필요합니다. 경도 0도의 시각과 자기들이 채택하고 있는 기준 경도입니다. 현재 모든 나라는 자기들이 채택하고 있는 기준 경도에 따라 그들의 표준시를 정하고 있습니다. 그 기준은 그곳 사람들이 정할 몫입니다. 어느 누구도 간섭할 필요가 없는 일입니다.

그렇지만 남한보다 30분 늦은 시간이 한반도 한쪽 위에서 불쑥 사용된다는 사실이 마음을 복잡하게 합니다. 그러잖아도 분단 현실이 이렇듯 깊어만 가고 있는데 시간마저 분단된다면 앞으로의 소통이 어찌 될까 걱정도 앞섭니다. 하지만 어쩌겠습니까. 다만 100여 년 넘게 아직 태양이 남중南中하지 않았는데도 그 시간을 12시인 줄 알고 살아왔던 우리에게 '진짜 시간'에 대한 신앙적이고 현실적인 물음을 던질 기회가 주어졌다는 것은 부인할 수 없을 것입니다. 우리는 과연 '진짜 시간'을 붙잡고 살아갈 용기가 있는 사람일까요?

15.

갑질 사회와 기독교

'갑질'이란 말이 어느결에 낯설지 않은 말이 되었습니다. '갑질'은 조어적으로 참 낯선 단어입니다. 갑을 관계에서의 '갑'에 어떤 행동을 의미하는 '질'을 붙여서 만든 말입니다. 인터넷 백과사전은 권력의 우위에 있는 갑이 권리관계에서 약자인 을에게 하는 부당행위를 통칭하는 개념이라고 설명합니다. 땅콩회항 사건이나 부천 백화점 모녀 사건 등 처음 이 말이 대중들에게 언급되었을 때만 해도 사회적 공분이 엄청나게 커서 곧 사라질 말처럼 여겨졌습니다. 하지만 그건 본질을 보지 못하는 짧은 생각이었던 셈입니다.

인터넷에 검색해보면, 아파트 경비원에 대한 갑질과 주차요원들에 대한 갑질에서 백화점 판매 직원에 대한 갑질, 대기업이 중소기업에 행하는 갑질까지 우리 사회에서 일어나는 갑질 목록이 순식간에 펼쳐집니다. 갑질은 우리 사회의 광범위한 일상입니다. 갑질을 가장 상징적으로 보여주는 장면이 있습니다. 무릎을 꿇거나, 90도 각도로 허리를 숙여 인사하는 것입니다. 무릎을 꿇고, 허리를

90도로 숙인 '을'에게는 인격이 없습니다. '갑'의 만족과 우월감을 위한 장식품일 뿐입니다. 갑질을 하는 사람들은 공통적으로 당당합니다. 자신들의 행위에 대한 정당성을 우리 사회가 보증하고 있다는 태도를 보입니다. 이들의 모습을 보면 우리 사회는 갑질 공화국이라는 착각이 들 정도입니다.

그런데 이런 갑질 사회에 균열을 내는 작은 일들이 곳곳에서 일어나고 있습니다. 부산의 한 아파트에 사는 여학생이 아파트 승강기에 글을 붙였습니다. 내용은 대략 다음과 같습니다. "경비 아저씨들이 출근하는 주민들에게 90도 각도로 인사하는 모습을 보고 신문에서만 보던 갑질이 우리 아파트에서 일어났다는 사실을 알았다. 너무 부끄럽다. 존중받고 싶다면 먼저 남을 존중해야 하지 않을까. 경비 아저씨들이 아침에 나와 인사하는 일을 빨리 없앴으면 좋겠다." 이 글은 순식간에 인터넷과 모바일에 퍼졌고, 많은 공감을 불러일으키고 있습니다.

좀 더 실질적인 변화를 불러일으키는 경우도 있습니다. 도시락 판매장 〈스노우 폭스〉에 붙은 '공정서비스 권리 안내문'이 그것입니다. "우리 직원이 고객에게 무례한 행동을 했다면 직원을 내보내겠지만, 우리 직원에게 무례한 행동을 하면 고객을 내보내겠습니다." 파격적인 안내문입니다. 이에 대해 김승호 대표는 이렇게 말합니다. "고객이 매장을 찾는 것은 필요한 것을 구하기 위해서입니다. 한국에서는 고객 만족 교육CS을 윤리나 상호 존중에 바탕을 두지 않고, 소비자 권리만 강조하는 쪽으로 진행합니다. 외국의 경우, 업체에는 무례한 고객을 내보낼 권한이 있습니다. 한국에서도 그렇게 한다면 고객의 갑질 문화는 없어질 것입니다."

그의 '공정서비스 선언문'을 보면서 작은 희망을 갖습니다. 하지만 우리 사회의 일상적인 갑질 문화가 사라질지에 대해서는 의문이 생깁니다. 우리가 의식하지 못하는 사이 내재화된 갑질 문화에 대한 현상들을 너무 자주 목격하기 때문입니다. 최환석의 『갑질 사회』(참돌, 2015)는 이에 대해 더욱 분명한 답을 줍니다. "계층화가 심한 불평등 사회일수록 하위 계층에 대한 편견이 증가하고 그들에게 우월감을 표시함으로써 자신의 사회적 지위를 유지하려는 경향이 있다. '종로에서 뺨 맞고 한강에서 눈 흘긴다'라는 말처럼 상사에게 꾸지람 듣고 와서 가족에게 분풀이하거나, 자신의 사회적 처지에 분노하며 자신보다 낮은 계층을 무시하는 식이다." 결국은 불평등 사회가 갑질 문화를 부추긴다는 이야기입니다.

오늘 한국교회가 '갑질' 문화에 맞설 내적인 힘을 가졌는지는 의문입니다. 갑질은 잘못된 개인의 문제라고 방치하고 침묵하면서 현재의 사회 현상에 암묵적으로 동조하고 있는 게 교회의 정확한 실상일지도 모릅니다. 원래 하나님 나라 복음은 '갑질'에 균열을 내고, 나아가 갑질 사회를 새롭게 하는 능력입니다. 지금껏 복음이 들어간 곳마다 그런 역사가 일어났습니다. 한국 사회 역시 예외가 아니었습니다. 하지만 오늘 한국교회는 '갑질'에 포박된 무기력한 교회가 되어가고 있다는 두려움을 떨칠 수 없습니다. 자신의 이득만을 챙기며 '갑질'에 주력했던 당시 유대 종교 지도자들을 향해 호되게 질책하셨던 주님의 말씀은 오늘 우리를 향한 예리한 검이 되어 우리에게 다가오고 있는데 말입니다.

16.

〈나의 아저씨〉, 정주행하다

이번 설에는 뜻하지 않게 연휴 내내 방구석에서 뒹구는 호사를 맛보았습니다. 어머니가 골절상을 당하시고 석 달 가까이 입원해 있다가 퇴원하면서 대전 이모님 댁에서 한 달을 지내기로 하시자, 동생들과 집안 어른들 모두, 이번 설은 각자 어머니를 찾아뵙는 걸로 상황이 정리된 덕이지요. 주일 저녁부터 수요일 저녁까지 낯설고도 긴 시간이 주어졌습니다. 그 긴 시간을 드라마에 빠질 줄은 연휴가 시작될 때까지도 상상하지 못했습니다.

발단은 시사주간지였습니다. 기사를 뒤적이는데 '설 연휴를 조용히 보내려는 이들을 위한 영화와 드라마' 리뷰가 눈에 들어왔습니다. 수많은 사람이 나의 인생 드라마로 '엄지 척'했다는 〈나의 아저씨〉가 그 첫 자리에 있었지요. 대중문화평론가인 기자는 이 드라마를 세 번씩이나 보았다면서 드라마의 재미와 감동과 의미를 한껏 드높이며 독자의 마음을 유혹했습니다. 드라마를 보기 시작하자 드라마의 마력에 사로잡히고 말았습니다. 끊을 수가 없더군요. 이야기의 힘에 새삼 감탄을 했습니다.

드라마는 건축구조 기술사인 동훈과 그가 다니는 회사에서 파견 직원으로 일하는 지안 사이에서 일어나는 사건들을 통하여 두 사람이 치유되고, 어른으로 든든하게 서가는 인생극입니다. 드라마의 주요 거점은 지안의 어둡고 가슴 아픈 밑바닥 가정 상황과 동훈의 성공한 듯이 보이는 가정, 또한 인생살이에 시달리는 중년 아저씨들이 모여 아픔을 서로 풀어주는 정희네 술집, 그리고 비중이 제일 큰 두 주인공이 매일 마주하는 회사, 이렇게 네 지점입니다. 하지만 드라마의 큰 얼개는 남주인공 동훈의 직업인 '건축구조 기술사'와 여주인공 '지안'至安의 이름 속에 이미 깊이 새겨져 있습니다.

동훈은 이렇게 말합니다. "나라고 생각했던 것들, 나를 지탱하는 기둥인 줄 알았던 것들이 사실은 내 진정한 내력이 아닌 것 같고, 그냥 다 아닌 것 같아." 동훈의 직업에 비춰보면 이 말이 의미하는 바가 무엇인지, 그의 내면이 분명하게 보입니다. 건축구조 기술사는 건물의 안전을 진단하는 직업입니다. 건물이 무너지지 않으려면 건물 바깥에서 작용하는 외력들, 바람과 비와 지력 같은 외부적인 힘을 안에서 내력으로 든든하게 버텨내야 합니다. 하지만 동훈의 흔들리는 내력은 버티려고 애를 쓸수록 외력의 합이 내력의 힘을 넘어설 듯, 아슬아슬하기만 합니다. 참 신기한 것은 그의 내력이 소진되어 가는데도 외부에 비치는 모습은 잘 나가는 사람, 손에 모든 것을 쥔 것처럼 보인다는 데 있습니다.

이 지점이 지안至安과 만나는 자리입니다. '지안, 편안함에 이르다.' 작가는 여주인공의 이름을 편안함에 이른다고 지었습니다. 하지만 지안은 밑바닥이 보이지 않는 깊은 상처 때문에 이름과는 전혀 어울리지 않는 상황에 던져진 존재입니다. 음식점 알바를 하다가 남은 음식이나 회사에서 커피 믹스를 몰래 가져와 어둠 속에서 그걸로 한 끼를 때웁니다. 지안은 돈을 버는 대로 사채업자에게 다 빼앗겨 버립니다. 철저하게 외부와 단절된 삶을 살아가는 지안을 보면 마음에서 슬픔과 연민이 올라옵니다. 그런 지안이 동훈과 여러 사건에 얽히면서 소통하고 공감을 합니다. 서로 마음으로 압니다. 동훈이 지안에게 말합니다. '너 착하다.' '고맙다.' 동훈에게서 생전 처음 이 말을 들어본 지안은 '정말일까?' 끊임없이 반문합니다. 지안의 마음에는 희미하게 희망과 사랑이 피어오르지요.

지안은 동훈과 함께 마침내 일상의 아름다운 햇살로 눈이 부신 지안至安에 이르는 것으로 드라마는 끝납니다. 드라마는 곳곳에 인생의 무게를 얹어놓습니다. 그런데 힘겨워 보이는 그 무게가 오히려 어른이 되는 순간입니다. 그래서 통과의례로 눈물을 훔치게 만드는 순간이 되게 합니다. 먹먹하면서도 따스한 마음으로 엔딩 크레딧 올라가는 것까지 보았습니다. 드라마에서 길어 올린 선명한 메시지 하나. 모든 사람에게는 보이지 않아서 그렇지 내력과 외력의 50 대 50의 싸움이 치열하게 벌어지고 있다는 것. 그 순간, 누군가 내력을 받쳐주면 51 대 49로 승리하지만, 홀로 던져진 채 그냥 둔다면 49 대 51로 지고 만다는 것. 그러고 보니, 모든 사람이 외롭고 쓸쓸해 보입니다. 감추고 있을 뿐이지. 저에게도 그대에게도 내력을 받쳐줄 1%의 사랑이 절실합니다.

17.

사탕 세 알과 구원

친구 부부와 함께 몇십 년 만에 지리산 노고단을 찾았습니다. 여름의 초입에 들어선 지리산은 참 장하였습니다. 나뭇잎들은 바람이 불어오기만 하면 짙은 녹음 속으로 햇살이 스며들 수 있도록 길을 내며 출렁였지요. 그 지혜가 오묘했습니다. 지리산은 싫증 난 일상을 다시 시작해 보라는 듯 내 눈앞으로 사방 수백 리를 펼쳐 보입니다. 의연함이 보이냐고, 손 내밀어 잡아 보라고 말없이 속삭입니다. 연신 참 좋구나, 아름답구나, 외쳤습니다.

그런 지리산을 차를 타고 화엄사에서 높이 1,102m인 성삼재까지 30분 만에 올라갔습니다. 말도 안 되는 일을 태연히 경험한 것이지요. 주차장도 얼마나 널찍하던지, 더 이상 40년 전에 화엄사 가파른 계곡 길을 통해 헉헉대며 올라오던 노고단이 아니었습니다. 주차장에서 바라보니 1,507m의 노고단 정상이 손에 잡힐 듯이 서 있습니다. 성삼재에서 출발하여 노고단을 향해 오르기 시작했습니다. 길은 편안한 산책길 같았습니다. 곳곳에 앉아 쉴 수 있도록 평상도 놓여 있었고요. 길옆으로는 고사리며, 참나물, 취나물이 싱싱하게 자라고 있어 여느 야트막한 산에 오르는 것 같은 착각이 들기도 했습니다. 하지만 노고단 가는 길은 완만하긴 해도 만만치 않은 긴 오르막이었습니다.

한 시간쯤 오르다 보니 무넹기 전망대가 나왔습니다. 화엄사에서 노고단을 등산하다 보면 마침내 만나는 평탄한 능선길. 화엄사에서 올라오는 사람들은 고생 끝이라며 룰루랄라 노래가 절로 나오는 바로 무넹기입니다. 무넹기에서는 신비로운 운해雲海를 기대한다 했지만, 우리가 간 날은 초여름의 맑고 화창한 날이었습니다. 화엄사와 구례읍 일대를 한눈에 내려다보는 것만으로도 감탄이 절로 나오는 그런 날씨였지요. 온갖 포즈를 취하며 사진을 찍었습니다. 몇 모금 물을 마시고 다시 노고단을 향하여 출발했습니다.

노고단이 1㎞쯤 남았다는 이정표가 보입니다. 여전히 즐겁고 행복한 산행길이었는데 갑자기 몸에서 기운이 빠져나가는 기분이 들었습니다. 기분은 곧 증상이 되었고, 발걸음이 무거워졌습니다. 당이 떨어졌나, 싶었습니다. 그러고 보니 아침에 호텔에서 일어나 간단하게 빵 몇 조각과 커피를 마시고 올라온 것이 생각났습니다. 그런데 이상하지요. 당이 떨어진 게 틀림없다는 확신이 들수록 이건 말도 안 된다는 생각이 계속 맴돌았습니다. 당이 떨어져서 에너지에 민감해지는 내 몸이 이해되지 않았습니다. 약한 몸을 질책하면서 말도 안 된다고 되뇌었던 것이지요.

그런 내게 노고단 대피소가 바로 앞이라는 화살표가 눈에 들어왔습니다. 이젠 살았구나, 대피소에만 가면 매점에서 초콜릿이나 컵라면 같은 음식물을 먹을 수 있다는 생각으로 앞만 보고 걸었습니다.

하지만 당도한 대피소에는 원하는 게 없었습니다. 공사 중! 낙심천만했지요. 이건 말도 안 된다는 소리가 속에서 더 크게 들려왔습니다. 그런데 아내와 친구 부부를 향해서는 엉뚱한 말이 호기롭게 튀어나왔습니다. 여기까지 왔는데 노고단 정상에 올라가야지, 그냥 갈 수 있느냐며 올라가자고 말이지요. 친구가 말합니다. 그래, 올라가자고! 그런데 몇 계단 오르다가 말고, 아니야, 시간이 많이 흘렀네. 지금 내려가도 점심시간이 꽤 늦는다며 성삼재로 얼른 내려가자고 재촉을 합니다. 못 이기는 체하고 발걸음을 돌렸습니다.

막상 발걸음을 돌리니 성삼재까지 내려갈 수 있을지 덜컥 걱정됩니다. 몸이 생각보다 훨씬 지쳤던 것이지요. 초코바 생각이 절실했습니다. 물병에 조금 남았던 물까지 다 마시고 앞만 보고 정신없이 걸었습니다. 일행이 뒤에 얼마나 떨어져 있는지도 생각하지 않고 그저 걷고 또 걸었습니다. 지루하고 기나긴 길이었습니다.

갑자기 뒤에서 아내가 부르는 소리가 들립니다. 한 번 두 번, 거듭해서 부르는 소리에 멈춰서 보니 아내가 사탕 세 알을 손에 쥐고 달려왔습니다. 올라가는 중년 부부에게 사탕 좀 있느냐고 부탁해서 얻은 사탕을 쥐고 달려온 것입니다. 사탕 두 개를 입에 넣고 깨뜨리고, 녹이면서 먹었습니다. 나머지 한 개를 까서 입에 넣었지요. 신기하게도 금방 몸에 기운이 생겼습니다. 걸을만해졌지요. 마침내 성삼재 주차장에 당도하여 빵과 물을 얼마나 맛있고 달게 먹었는지 모릅니다. 사탕 세 알은 꼭 주차장에 내려올 만큼의 에너지를 제공해 주었습니다.

아내가 건네준 사탕 세 알이 몸의 허약함에서 나를 구원해 주었습니다. 물론 속 깊은 친구의 배려와 가던 길을 멈추어서 기꺼이 사탕을 꺼내준 이름 모를 부부의 친절 또한 큰 몫을 한 것도 기억합니다.

18.

매뉴얼 속에 담긴 빛바랜 역사와 진리 찾아 읽기

〈기독교대한감리회 교리와 장정〉이야기를 하려고 합니다. 웬 교리장정? 이러면서 뜬금없어할 분도 많을 것입니다. 사실 '기독교대한감리회 교리와 장정'을 소개하려는 마음이 든 것은 꽤 여러 달 전이었는데 지금껏 망설이고 있었지요. 『교리와 장정』은 한국 개신교회를 대표하는 교단 중 하나인 감리교회의 공교회 조직을 공고하게 받쳐주는 일종의 법조문입니다. 이런 책을 '오늘의 책' 칼럼에 소개하는 게 격에 맞는 것인지는 의문이 들긴 합니다.

그럼에도 한 동료 목사의 이야기는 교리와 장정을 꼼꼼히 읽는 것도 여느 책을 읽는 것 못지않게 필요하다는 것을 깨우쳐 주었지요. 그는 감리교회의 교리를 바탕으로 현안을 다루는 한 모임에서 충격을 몹시 받았답니다. 회의가 참 우스웠던 모양입니다. 그날 회의는 감리교회의 교리적 전통과 역사에는 무지한 채, 목소리만 큰 한두 사람에 의해 좌우되었거든요. 그 자리에는 반론과 제대로 된

변증을 이끌만한 사람도 있었지만, 아무 소리도 내지 못한 채 회의가 끝나버리자 회의에 참석한 자신이 너무 속상하고 허탈하기만 했답니다. 그는 집으로 돌아와서『교리와 장정』을 펼쳐보았습니다. 간결하게 정리된 '역사와 교리' 안에 기독교대한감리회의 정체성이 고스란히 담겨있는 것을 발견했답니다.

저도 그 얘기를 듣고『교리와 장정』을 다시 읽어보았습니다. 그리고는 다짐을 했지요. 언제나『교리와 장정』을 들고 다니면서 감리교회 정신을 말해야겠구나!

『교리와 장정』의 주 독자는 감리교회의 목회자들과 평신도 지도자인 장로들일 것입니다. 그리고 감리교신학생들이 여기에 포함이 되겠지요. 신학생들과 진급 중에 있는 전도사들은 이 책을 보다 집중해서 읽을 것입니다. 하지만 이 책을 늘 휴대하고 집중적으로 읽는 사람들은 좀 더 다른 부류일 것이라는 추측을 해 봅니다. 조직된 감리교회 안에서 어떤 문제가 있는지, 그 문제를 어떻게 장정에 기초해서 풀어나가야 할지, 현안을 놓고 고민하는 사람들 말입니다.

맞습니다.『교리와 장정』은 매뉴얼입니다. 개체교회와 지방회, 그리고 연회와 총회를 운영하고 움직이는 실질적인 지침서이지요. 하지만 저는 나름의『교리와 장정』독서법을 제안하고 싶습니다. '장정'에 실린 역사적 진술과 교리적 진술을 먼저, 세심하게 읽고 독해를 해보자는 것입니다. 그런 후에 '장정'을 실질적인 지침서로 대하자는 것이지요. 『교리와 장정』을 잘 안다면서 '역사와 교리편'을 펼치지 않는다면 감리교 정신을 빼놓고서 감리교 장정을 대하는 것입니다. 법 기술자가 되기 십상인 것이지요.

『교리와 장정』은 모두 13편으로 구성되어 있습니다. 『교리와 장정』 배열이 눈길을 끕니다. 모법인 '헌법'을 제2편에 싣고, 제1편에 '역사와 교리'를 맨 앞에 싣고 있습니다. 감리교회의 뿌리와 정체성이 '역사와 교리'에 담겨있다는 강조이지요. '역사와 교리편'의 백미는 1930년, 기독교대한감리회 총회 설립에 대한 전권위원장 웰치 감독의 설명입니다. 읽고 또 읽어 마음에 새기고 싶은 내용입니다. 또 교리편으로 가면 웨슬리로부터 전해오는 신앙과 교리의 유산, 기독교대한감리회 신학을 위한 지침, 그리고 한국감리교회의 신앙고백과 사회신경이 일목요연하게 정리되어 있습니다.

하지만 현실에서는 달라 보입니다. 이들 '역사와 교리'에 관한 진술들은 감리교회 안에서도 잊혀진 문서가 되어가고 있습니다. 그래서 간절한 바램 하나 나눠봅니다. '역사와 교리편' 만이라도 작은 간행물 형태로 발간한다면 『교리와 장정』의 이 역사적 문건들이 되살아나서 이 땅의 감리교회가 '진정한 기독교회', '진정한 감리교회', '진정한 한국적 교회'로 소생하는 기적과 같은 일이 생기지는 않을까요?

제3부

교회, 삶과 환경

제게 떠나지 않는 생각이 있습니다.
기후위기에 대한 대응은 영성의 문제로
접근해야 한다는 것입니다.
왜냐하면, 영성은 감수성으로 설명할 수 있기 때문입니다.
하나님을 향한 믿음의 감수성,
사람을 향한 사랑의 감수성,
하나님의 창조세계를 향한 생명의 감수성이 그것입니다.
이와 같은 감수성이 회복될 때
가장 깊은 차원에서 인간의 행동을 유발하는
내적 태도인 정신과 동기가 새로워질 것입니다.
이를테면 탄소 제로 운동을 녹색 생명에 대한
감수성 회복 운동이라고 부를 수 있지 않을까 하는 것이지요.

I.

태양은 청구서를 보내지 않는다

산업통상부 에너지위원회가 한국수력원자력(한수원) 측에 고리원전 1호기의 영구 폐로를 권고한 이후 드디어 2017년 6월 18일 영구 정지되었습니다. 참 어려운 결정이었습니다. 1978년 상업 운전을 시작한 고리원전 1호기는 이미 2007년에 설계수명 30년이 끝났습니다. 하지만 한수원의 요청을 받아들인 탓에 고리원전 1호기는 계속 가동 중입니다. 한수원은 이에 그치지 않고 2차 연장 신청을 했고, 어찌 된 일인지 산업통상부는 결정을 차일피일 미뤄왔습니다. 그러다가 심상치 않은 여론에 떠밀려 어렵사리 고리원전 1호기의 영구 폐로 결정을 한 것입니다.

이번 고리원전 1호기 폐로 결정의 일등 공신은 부산, 울산, 경남 지역의 800만 주민들입니다. 서병수 부산시장은 에너지위원회의 결정이 내려진 후, 이를 일치단결한 부산 시민의 힘 덕분이라고 했습니다. 후쿠시마원전사고는 원전의 안전성에 대한 시민들의 인식을 급격하게 높였습니다. 단 한 번의 실수나 사고가 돌이킬 수 없는 재앙이 된다는 것을 똑똑히 본 것입니다. 그런 불안감은 노후 원전의 안전성에 대한 의문으로 이어졌습니다.

원전에서 만의 하나라는 말은 있을 수 없는 말입니다. 일본은 후쿠시마 원전 사고 이후 원전을 지을 수 있는 지역의 기준을 강화했습니다. 이를테면 '12~13만 년 동안 한 번도 움직인 적이 없는 단층'에서 '40만 년 동안 한 번도 움직인 적이 없는 단층'으로 그 기준을 상향 조정했습니다. 그러니 원전이 얼마나 고밀도의 안전성을 요구하는 설비인지 짐작할 수 있습니다. 문제는 이런 고밀도의 안전성을 계속 유지하면서 원전에서 전기를 얻을 것인가가 오늘 우리에게 던져진 질문입니다. 보다 근원적으로는 이런 고밀도의 안전성이 정말 가능한 것일까 하는 것이지요.

흔히 중국을 원전 대국이라고 합니다. 가동 중인 원전이 23기나 되고, 건설 중인 원전이 26기에 이르기 때문입니다. 하지만 중국의 전체 발전량에서 원전이 차지하는 비중은 2%에 불과합니다. 오히려 태양광과 풍력, 수력 등 비화석에너지의 발전량이 22.5%에 이르는 자연에너지 강국입니다. 이에 비해 한국은 2012년 기준으로 전기발전량 가운데 원전이 차지하는 비중은 26%입니다. 정부는 이 비중을 29%로까지 올린다고 합니다. 태양광과 풍력 등 자연에너지를 통해 얻는 전기발전량은 얼마일까요. 1.9%에 불과합니다. 세계 꼴찌 수준입니다. 문제는 정부가 이와 같은 전기 생산 정책을 바꿀 의향을 전혀 갖고 있지 않다는 것입니다.

이런 상황에서 자연에너지를 활용한 전기 생산 운동이 곳곳에서 일어나는 것은 희망입니다. 2016년 4월 개신교 최초로 설립된 '기장 햇빛발전 협동조합'이 눈에 띕니다. 무엇보다도 이 조합은 한 교단의 이름으로 설립된 최초의 전기 생산을 목적으로 한 협동조합입니다. 그동안 교회 안에서 전기 절약 차원의 운동은 수없이 강조되었지만, 전기를 생산하고 공급하는 운동은 별로 시도되지 않았습니다.

'기장 햇빛발전 협동조합'은 출범하면서 해마다 시간당 100㎾의 전기를 생산하는 햇빛발전소를 세워나가겠다고 다짐했습니다. 그리고 작년 한 해 동안 50㎾급의 발전소를 세웠습니다. 첫술에 배부를 수는 없지만, 박수를 보낼 일입니다. 이런 운동의 영향으로 '감리교 서울연회 환경위원회'에서도 교회햇빛발전소 설치 사업을 심도 있게 준비하고 있습니다. 태양은 그 어떤 유형의 청구서도 보내지 않습니다. 문득 햇빛발전소를 구성하는 저 시커멓고 볼품없는 태양광 패널이야말로 더불어 사는 하나님 나라를 보여주는 작은 희망의 창문일지 모르겠다는 생각이 듭니다.

2.

재생전기 직거래

서울시에서 청계천에 소형 수력 발전기를 설치한답니다. 모두 3대를 설치한다는데요. 이 발전기는 구조가 아주 간단해서 흐르는 물에 터빈만 설치하면 끝! 이라는군요. 크기도 작아서 물의 흐름을 방해하지 않을 정도라고 합니다. 그런데 더 솔깃한 것은 여기서 생산되는 전기를 스마트폰과 태블릿PC에 무료로 충전해준다는 것이었습니다. 광통교 밑 수력 발전기에서 생산된 전기를 가지고 청계천 산책로에 5개의 충전 부스를 만든다는 것입니다. 신선했습니다.

그 소식을 듣고 우리 교회 옥상에 설치된 태양광 발전소가 떠올랐습니다. 옥상에서 생산되는 전기를 우리 교회를 찾는 사람들이 직접 사용할 수 있으면 좋겠다는 상상을 한 것이지요. 교회 로비나, 혹은 카페에 충전기를 설치해서 교인들이나 주민들이 편리하게 충전할 수 있도록 하면 정말 근사할 것 같습니다. 하늘로부터 내려오는 햇빛 에너지를 직접 자신의 스마트폰이나 태블릿PC에서 받아쓴다면 얼마나 남다른 느낌이 들겠습니까.

우리 교회 태양광 발전기의 용량은 10kW입니다. 하지만 그만큼 생산되는 건 아닙니다. 여름철에 전기가 제일 많이 생산되는데 일일 평균 7~8kW쯤 전기가 나옵니다. 현황판이 로비에 설치되어 있어서 현재 발전량, 누적 발전량, 이산화탄소 저감량 등이 시시각각 수치로 나타납니다. 그런데 2년여를 살펴보았지만, 사람들의 관심은 별로인 것 같습니다. 늘 보아왔기 때문에 무심하게 지나치는 경우가 대부분입니다. 옥상에서 생산된 전기가 나에게까지 연결된다는 것을 피부로 느끼지 못하는 겁니다. 아직도 자연 에너지, 혹은 재생 에너지는 많은 사람에게 구호에 머물러 있다는 걸 실감합니다. 하지만 사람들이 자연 에너지의 혜택을 직접 받고, 자연 에너지와 연결되는 생생한 경험을 갖는다면 이런 의식에 틈이 생기고 결국에는 변화가 일어나지 않겠습니까.

이런 막연한 고민을 하던 중에 이필렬 교수의 '재생전기 직거래'라는 글을 읽었습니다. 재생 전기에 대한 새로운 지평이 열리더군요. 이 교수는 자신의 집 지붕 위에 태양광 발전소를 설치했습니다. 그런데 그는 지붕에서 생산된 전기를 자가 소비하고 남은 것은 다 버리고 있었습니다. 한국전력에 전기를 팔면 되지만 그렇게 하지 않는다고 했습니다. 자신이 생산한 깨끗한 전기를 원자력 전기와 섞어서 아무 표시도 없이 한국전력을 통해 파는 것은 의미 없다는 것이었지요. 그의 대안은 '전기 직거래'였습니다. 농산물을 생산자와 소비자 사이에 직거래하듯이 전기도 생산자와 사용자 사이에 직거래하자는 것입니다.

그의 주장은 설득력이 있습니다. 그의 제안은 요약하면 세 가지입니다. '첫째, 한국전력에서 전기 생산자에게 전력망을 개방하고 사용료를 받는다. 둘째, 전기 생산자는 태양광 발전소에 계량기를 단다. 셋째, 소비자는 재생전기 생산자와 직거래 계약을 맺고 생산자에게 전기 사용료를 지불한다.' 어떤가요? 불가능한 제안처럼 보이나요? 제 눈에는 세상을 정말 신나게 만들 혁신적인 제안으로 보입니다.

현재 정부에서는 재생 가능 전기의 생산을 적극적으로 지원하고 있습니다. 그런데 전기의 직거래에 대해서는 어떤 정책도 내놓지 않고 있습니다. 규제하고 있다고 보는 게 옳겠지요. 재생 가능 에너지의 생산과 활용은 에너지 문제 해결의 적절한 대안입니다. 하지만 그것만 가지고는 반쪽 대안일 뿐입니다. 생산된 전기를 직거래하기 시작한다면 사람들은 재생 에너지를 새롭게 볼 것입니다. 재생 에너지가 구호가 아니라 대안 에너지가 될 수 있구나! 공감하게 될 것입니다. 쉽지는 않겠지요. 하지만 그 길을 앞서서 여는 하나님의 창조질서 보전을 실천하는 '하나님의 아들들'(롬 8:19)이 여기저기서 나타난다면 재생 에너지가 진정한 대안 에너지가 되는 새로운 역사가 일어나게 될 것입니다.

3.

파주 임진강 하구

감리교 서울연회에서 연례행사로 갖는 생태 기행을 다녀왔습니다. 올해는 파주 임진강 하구를 다녀왔습니다. 완연한 초겨울 표정으로 바뀐 임진강 유역은 스산함 속에서도 생명이 약동했습니다. 황희 정승이 말년을 보냈다는 반구정에서 내려다보는 임진강은 마침 밀물 때였습니다. 밀려 올라오는 바닷물과 흘러내려 오는 강물은 거센 흙탕물을 일으키며 물속 깊은 곳에서부터 하나가 되는 장관을 연출합니다.

철새들이 새까맣게 날아올랐습니다. 하늘을 가득 메운 철새들의 군무는 벌린 입을 다물지 못하게 합니다. 논 한구석에 앉아 있던 십여 마리의 쇠기러기들이 하늘을 향해 막 비상하며 머리 위를 지납니다. 쨍한 하늘을 배경으로 손에 잡힐 듯 미끄러지는 쇠기러기들의 뱃살 무늬가 환상입니다. 썰물이 되어 임진강 유역의 드넓은 생명 터, 갯벌이 드러나기까지 철새들의 날아오르기는 반복될 것입니다.

함경도 마식령에서 발원하여 급한 숨을 몰아쉬며 쉬지 않고 내달리던 임진강의 표정은 전곡에서 한탄강을 만난 이후로 완연히 그 모습을 바꿔 굽이굽이 휘감아 도는 곡류천의 전형을 보여줍니다. 그 여유로움의 백미가 장산 전망대 앞의 초평도입니다. 임진강이 마식령에서부터 품고 내려온 맑은 모래를 강 한가운데에 내뱉어 만들어낸 섬, 초평도. 초평도 너머 장산에서 솟아오르는 보름달은 임진팔경의 하나로 꼽힐 만큼 아름다운 곳입니다. 초평도의 아름다움은 눈에 보이는 경치에서 그치지 않습니다. 초평도는 한국전쟁 이후 한 번도 사람의 발길이 닿지 않아 생태계의 보물창고가 된 곳입니다. 특히 초평도 습지는 한강과 임진강의 합수부에서 시작되는 16.6㎞의 임진강 하구 습지 지구의 끝 지점이기도 합니다.

임진강 하구는 초평도를 포함해서 곳곳이 생태 성지입니다. 임진강은 오두산 전망대 앞을 지나면서 한강과 합수를 합니다. 조강입니다. 조강은 바다와 강이 하구언으로 막히지 않고 열려있는 유일한 국가하천입니다. 이 때문에 밀물과 썰물이 반복됩니다. 임진강으로 들어오는 밀물은 초평도에까지 올라옵니다. 이 영향으로 문산천 습지나 마정리 들판 같은 다양한 주변 습지가 발달했습니다. 이곳 습지에는 개구리와 재두루미, 흰꼬리수리 같은 멸종 위기 종들은 물론이고 수많은 철새가 날아와 쉼터와 먹이터가 되고 있습니다. 이 습지는 홍수 때 물을 잡아주는 저수지 역할도 합니다.

특히나 마정리 들판은 세계적으로 한반도 중서부 지역에만 분포하는 것으로 알려진 '수원청개구리'의 집단 서식지입니다. 수원청개구리는 2012년 환경부 멸종위기 야생동식물 1급으로 지정된 동물입니다. 2014년 8월, '생명다양성재단' 조사에 따르면 수원청개구리는 파주 임진강 마정리 들판과 충남 아산 등지에서 742마리가 발견되었답니다. 임진강 마정리 들판은 자연 습지인 비무장지대와 인접해 있습니다. 따라서 북한의 수원청개구리 개체군과 연결되어 있을 가능성이 매우 큰 것이지요.

생각하면 임진강 하구는 역설적입니다. 전쟁과 분단의 상처로 만들어진 철책 속에서 오랜 세월, 모두를 살려낼 생명의 생태 성지가 만들어졌으니까요. 그런데 이렇듯 아름다운 이곳 임진강 하구 생태계가 훼손될 위기에 처했습니다. 환경부에서는 2010년 9월 임진강 하구 지역을 습지보호 구역으로 지정하려고 했습니다. 그런데 돌연 사유지를 매입할 예산이 부족하다는 이유를 들어 보존가치가 가장 높은 초평도 습지와 문산천 습지, 그리고 장단반도를 제외하기로 했습니다. 여기에는 하도준설과 골재채취를 통해 이익을 얻으려는 개발 압력이 작용했습니다. 개발 압력은 지금도 하천 정비 사업이란 이름으로 작동이 되고 있습니다. 이를 막아내려는 지역시민단체 '임진강을 지키는 사람들'의 고군분투가 마음을 찡하게 합니다. '임진강을 지키는 사람들'에게 힘도 보탤 겸, 올겨울이 가기 전에 임진강 하구 생태 기행을 한 번 떠나보면 어떻겠습니까.

4.

몬산토를 아십니까?

영화 〈인터스텔라〉(크리스토퍼 놀란 감독, 2016)의 처음 부분에 나오는 옥수수밭은 그 거대함으로 관객을 압도합니다. 불특정한 미래, 오염된 지구에 살고 있는 인류는 대부분 농사를 짓습니다. 영화가 종말의 위기를 말하면서 인류의 마지막 생업으로 옥수수 농사를 등장시키는 것은 참 뜻깊습니다. 먹을거리야말로 인류의 생존과 직결된 문제임을 짚고 있는 것이지요. 그런데 영화에서 이야기 전개를 위해서이긴 하지만, 생존의 터전인 거대한 옥수수 농장이 불에 타버리고 맙니다. 검은 연기를 내뿜으며 타오르는 옥수수밭은 묵시록의 한 장면 같은 괴이함을 느끼게 합니다.

옥수수 하면 세계 최대 다국적 종자회사인 '몬산토'Monsanto를 떠올리게 됩니다. 몬산토는 전 세계 'GMO'(유전자 조작 생물체) 특허의 90%를 갖고 있습니다. 몬산토는 원래 고엽제를 생산하던 화학회사였습니다. '에이전트 오렌지'라는 고엽제로 베트남 전쟁에서 한창 주가를 날렸지요. 전쟁이 끝나고 새로운 활로를 찾던 몬산토는 1990년대 세계 각국의 종자회사들을 인수하면서 전 세계 농업 기술 분야에서 가장 영향력 있는 회사로 변신했습니다. 몬산토의 2013년 연 매출액은 약 16조 3,500억여 원에 달합니다. 2013년 미국에서 생산된 콩의 93%, 옥수수의 80%가 몬산토에서 만든 GMO 농산물입니다. 몬산토는 GMO의 대표 상표가 되었습니다.

몬산토가 이렇듯 GMO(유전자 조작 생물체)의 독점적 지배권을 갖게 된 데는 제초제가 큰 몫을 했습니다. 1974년에 개발한 초강력 제초제 라운드업Roundup이 그것입니다. 여기까지는 제초제의 해로움 정도만 생각하면 됩니다. 하지만 다음에 개발된 '라운드업 레디'Roundup Ready로 가면 문제가 심각합니다. 라운드업 레디는 '유전자 조작 콩' 종자입니다. 초강력 제초제 '라운드업'에도 저항력을 가질 수 있도록 개발되었지요. 라운드업 레디의 특징은 상표명에 고스란히 담겨 있습니다. "우리는 라운드업을 견뎌낼 준비가 되어 있어요!" 얼마나 섬뜩합니까. 실제로 라운드업 레디 종자를 심어놓고 제초제 라운드업만 두세 차례 뿌려주면 라운드업 레디 이외에는 모든 식물이 죽어버립니다.

몬산토의 전략은 매우 간결합니다. 초강력 제초제 라운드업과 그 제초제에 견딜 수 있는 콩 종자 라운드업 레디를 세트 판매하는 것입니다. 그 결과 엄청난 이익을 남겼습니다. 게다가 GMO의 독점적 지배권까지 챙겼으니 꿩 먹고 알 먹고인 셈입니다. 몬산토는 여기에서 멈추지 않고 터미네이터 종자를 개발했습니다. 몬산토 종자로 수확한 후에 그 씨앗을 재파종하지 못하도록 유전자를 조작했습니다. 이제 몬산토에서 생산한 종자가 아니면 농사를 지을 수 없는 세상이 되어가고 있습니다.

더 큰 문제는 GMO 농산물의 안전성 문제입니다. GMO가 안전하다는 것은 일방적인 주장입니다. 검증이 안 되었습니다. 오히려 2012년 프랑스의 세랄리니 교수가 몬산토의 GMO 옥수수를 장기간 섭취(2년)했을 때 생기는 유해성을 발표함으로 GMO에 대한 불안감은 더욱 커졌습니다. 미국의 대표적인 사전 「미리엄 웹스터」에는 GMO 식품을 괴물 '프랑켄슈타인'에 빗대어 '프랑켄푸드'라고 등재했습니다.

아직 한국에서는 GMO 농산물 재배가 법적으로 허가되지 않은 상태입니다. 그렇다고 명확하게 GMO 재배가 금지되어 있는 것도 아닙니다. 매우 유동적인 셈이지요. 분명한 것은 한국의 종자 시장을 이미 장악한 몬산토가 GMO의 양성화를 손꼽아 기다리고 있다는 점입니다. 얼마 전 베리칩의 위협에 열변을 토하는 이야기를 들었습니다. 문득 GMO 농산물의 위협이야말로 베리칩과는 비교할 수 없는 종말론적 위협의 가장 큰 징표일 수 있겠단 생각이 들었습니다. 생명을 살리고자 하는 교회가 몬산토와 GMO에 관심을 가져야 하는 이유입니다.

5.

지속 가능한 행복을 위한 실험

'지속 가능한 행복'이란 말이 가능할까요? 벌써 이십여 년 전에 김창국 변호사가 썼던 글이 생각납니다. 스페인이 일본 경제의 비약적인 발전상을 배우려고 시찰단을 파견했다지요. 일본 사회를 구석구석 살펴보고 돌아온 시찰단의 일성은 뜻밖이었습니다. '일본인은 일밖에 모른다. 그렇게 일만 한다면 우리는 일본인보다 훨씬 더 빠르고 크게 성장을 할 수 있다!' 오직 경제성장밖에 모르는 일본인을 향한 조롱이 담겨 있던 말이었습니다.

이랬던 일본의 최근 상황을 이문재 시인은 일본의 사회학자 후루이치 노리토시의 말을 빌려서 이렇게 진단합니다. "오직 경제성장만을 바라보고 달려왔는데 돌연 경제성장이 멈춰버렸다. 이런 상황에서 민주주의의 전통이 없는 일본은 망연자실한 상태로, 그렇게 우두커니 서 있게 된 것이다."

이택광 경희대 교수는 엊그제 한 일간신문 칼럼에서 압축 성장

시절, 신분 상승의 사다리를 상징했던 고시원이 더 이상 고시생을 위한 공간이 아님을 예리하게 지적하였습니다. 이제 고시원은 비싼 주거비를 지불할 수 없는 이들이 머무는 영구적인 주거 형태가 되어 버린 것입니다. 고시원은 철저하게 1인을 위한 주거공간입니다. 고시원에서 꿈꾸었던 화려한(?) 인생역전의 꿈은 영원히 사라질 상황에 처했습니다. 고시원의 전략은 인생역전을 허용할 수 없는 한국의 신자유주의 시장경제체제의 팍팍한 단면을 고스란히 보여줍니다.

고故 김종철 녹색평론 발행인의 이야기 또한 의미심장합니다. 이대로 가면 나라가 망하겠다는 생각이 든다고 하였습니다. 아이들이 요즘 어른한테 솔직하게 이야기하고, 감정 없이, 구김살 없이 대하는 게 점점 줄어들고 있는 모습을 볼 때 그렇답니다. 이 땅에 교육은 없고 황폐한 폭력만이 가득합니다. 그래서 아이들은 아이들대로, 어른은 어른대로 사람을 자연스럽게 대하는 게 점점 사라지고 있다는 것입니다.

왜 이리되었을까요? 과도한 경쟁 때문입니다. 생각하면 몇십 년 전, 경제성장이 활발하고 사회적 부가 팽창할 때는 거의 모든 사람이 마음만 먹으면 일을 골라서 할 수 있었습니다. 취직은 다 되는 줄 알았습니다. 여기에서 던지는 질문 하나. 그렇다면 지속 가능한 경제성장이 가능한 것일까요? 지속적인 성장이 가능하다면 우리 사회가 이렇듯 살인적인 경쟁으로 내몰릴 까닭이 없습니다.

머지않아 일본처럼 경제성장이 멈춘다면 어떻게 될까요. 튼실한 사회적 대안이 없는 일본이 망연자실했던 것처럼 우리도 그렇게 될지 모릅니다. 두 가지가 생각납니다. 하나는 농경 문화입니다. 우리 사회 구성원의 절반이 경험했고, 생생한 기억으로 남아 있는 더불어 살아가는 농農의 사회 말입니다. 우리 할아버지와 할머니들이 살아왔던 삶의 방식, 함께 일하고 함께 나누었던 그 유대감. 그것은 아스라한 먼 옛날의 추억에 불과한 것일까요, 아니면 그것을 살려 낼 불씨가 우리 사회 안에 남아 있을까요? 이것을 가늠해 보는 작업을 시행해보는 것이 우리에게 가능할까요?

또 하나는 진실한 신앙의 실험입니다. 한국 감리교회는 신학을 위한 다섯 가지 지침을 갖고 있습니다. 그중에 '체험'을 설명하는 대목에 눈이 번쩍 뜨입니다. "체험은 개인적이며 동시에 공동체적이다.… 우리는 오늘날 수많은 사람의 공포와 기아, 고독과 절망, 잘못된 경제 구조, 핵 시대가 초래한 인류와 생태계의 위기에 직면해 있다.… 이런 체험은 성서적 규범에 의해 해석되어야 하며 성경을 이해할 수 있는 도구가 될 수 있다." 오늘을 살아가는 우리에게 이보다 분명한 신앙의 지침이 어디 있겠습니까. 돈의 가치로만 모든 것을 판단하는 세상과 용감하게 맞서는 진실한 신앙의 실험이 곳곳에서 펼쳐진다면 그 작은 체험이 비로소 희망을 이야기하는 불씨가 되지 않을까요?

6.

자동차 뛰어넘기

자동차 사고가 났습니다. 강화도에 부흥회를 다녀오다가 좁은 지방도로 한가운데에 만들어놓은 로터리 경계석을 들이박았습니다. 그 사고로 자동차 엔진 하부 미션부분이 몹시 망가지고 말았습니다. 간신히 서울까지 오긴 왔지만, 정비 공장에서 견적을 내보니 수리비가 엄청났습니다. 정비기사는 수리비 대비 경제적인 효율성이 떨어진다면서 다른 방안을 찾는 게 좋겠다는 진단을 내놨습니다. 하긴 2001년식 자동차이니까 오래되긴 했습니다.

그날 사고를 돌아보면 감사할 일이 한둘이 아닙니다. 우선 몸을 다치지 않았습니다. 그리고 다른 차량이나 2차 피해가 일어나지 않았습니다. 비가 많이 내렸는데 만약 다른 차와 부딪치기라도 했다면 대형 사고로 발전했을지도 모르는 상황이었습니다.

그런데 강화도 길이 묘하더라고요. 편도 1차선밖에 안 되는 그 좁은 지방도로에 삼거리마다 로터리를 만들어놓았습니다. 직진도로 한가운데에 원형으로 안전 구역을 만들어놓고 차량을 빙 돌아가게 해놓은 것입니다. 낮에는 괜찮지만, 밤에는 잘 보이지 않아 운전하기가 영 불편했습니다. 비까지 쏟아지던 밤, 원형으로 도는 길이라는 게 전혀 식별되지 않았습니다. 내비게이션을 따라 직진을 하다가 갑자기 꽝! 하면서 로터리 경계석에 부딪혀 버린 것입니다.

우리 교회 장로님들은 자동차를 폐차하고 새로 차량을 구입하자고 결정을 내렸습니다. 새 차가 생긴다니까 설레더군요. 하지만 걱정도 함께였습니다. 많지는 않지만, 교회 건축 대출금이 아직 남아 있었거든요. 그런데도 마음 한구석에는 이왕이면 지금 타는 중형 자동차보다 더 좋은 자동차를 타고 싶은 욕심이 자꾸 드는 것입니다. '한 번 사면 적어도 10년은 탈 텐데….' 하는 마음 있잖습니까.

그런데 또 한쪽에서는 '아니야, 아주 작은 소형 자동차를 사자. 소형차를 타고 다니면 얼마나 떳떳하겠는가!' 하는 생각이 슬그머니 올라왔습니다. 얼마나 멋져 보이던지. 하지만 이내 그런 생각은 영적인 허영인 것을 깨달았습니다. 실생활은 그렇지 않으면서 '나는 소형 자동차를 타고 다니는 목사'라는 허위의식으로 치장하고 싶어 하는 내 마음을 본 것이지요. 좀 더 큰 자동차를 타고 싶어 하는 마음이나, 소형차를 타고서 본래 모습 이상으로 자기를 높이려는 마음이나 하나도 다를 바가 없는 것이지요.

이렇듯 이리저리 휘둘리는 나 자신을 바라보다가 문득 마음 깊은 곳에서 잠자고 있던 갈망을 하나 길어 올렸습니다. '자동차 없이 사는 삶!'입니다. 늘 마음 한구석에서 나를 압박했지만 그럴 자신이 없다고 여기던 생각. 그 생각을 이참에 실행해 보자는 마음이 든 것입니다. 자동차 없는 생활을 결심하려니 겁이 덜컥 납니다. 나도 불편하겠지만 가족들은 어찌하나 싶은 생각도 들었지요. 생각해보니 1990년부터 지금까지 승용차에 의지해서 살아온 생활의 관성이 과연 깨질 수 있을까에 대해 불안함이 계속해서 머리를 듭니다. 결국, 고민 끝에 올 한 해 동안 자동차 없이 사는 삶을 한 번 실험해 보기로 작정을 했습니다. 과연 어떤 결론이 나올까요. 저도 궁금합니다. 계속 자동차 없이도 살아갈 수 있다고 말할 수 있으면 참 좋겠습니다.

7.

녹색신앙 감수성

“저는 환경 운동가가 아닙니다.” 목사인 저를 스스로 변호하며 요즘 자주 하는 말입니다. 우리 교회가 녹색 교회를 표방하고 녹색신앙 운동에 집중한다고 하니까 환경 운동에 열심인 사람이라는 말을 종종 듣습니다. 그 말을 듣는 게 부담스럽습니다. 무엇보다 녹색신앙 운동의 방식이 무엇일까 고민하는 게 저의 본분이라는 마음 때문에 환경 운동가가 아니라고 강하게 표명하는 것입니다.

제게 떠나지 않는 생각이 있습니다. 기후위기에 대한 대응은 영성의 문제로 접근해야 한다는 것입니다. 왜냐하면, 영성은 감수성으로 설명할 수 있기 때문입니다. 하나님을 향한 믿음의 감수성, 사람을 향한 사랑의 감수성, 하나님의 창조세계를 향한 생명의 감수성이 그것입니다. 이와 같은 감수성이 회복될 때 가장 깊은 차원에서 인간의 행동을 유발하는 내적 태도인 정신과 동기가 새로워질 것입니다. 이를테면 탄소 제로 운동을 녹색 생명에 대한 감수성 회복 운동이라고 부를 수 있지 않을까 하는 것이지요.

우리 교회는 '전교인 1만 보 걷기 운동'을 전개하고 있습니다. 처음 이 운동을 시작할 때는 단순한 마음으로 시작했습니다. 걷기를 통해 대중교통 이용을 활성화하고 자가용 이용을 자제하도록 하자, 자신의 몸이 움직일 수 있는 범위 안에서 소비 활동을 하도록 하자, 그리하여 자연스럽게 탄소 발생을 억제하도록 하자는 정도의 고백을 나누었지요. 만 보 걷기 운동을 시작하면서도 교인들이 얼마나 참여할 것인지 걱정이 되었습니다. 100명만 참여해도 성공이라고 생각을 했으니까요. 하지만 교인들의 참여는 생각한 것보다 몇 배나 되었습니다. 돌아보니 그만큼 사람들이 건강을 챙기는 데 관심을 쏟고 있었던 것이지요. 긴가민가하던 걷기 운동이 본격적인 교회 운동이 되었습니다.

걷기 운동을 통해 체험한 감수성 회복력은 상당했습니다. 무엇보다 건강한 몸의 감수성이 회복되었습니다. 회복되는 몸의 감수성은 건강에만 국한되지 않았고요. 자신의 몸을 구석구석 세밀하게 느끼는 것과 함께 주변과의 관계가 살아나는 것을 경험했습니다. 지금까지 보이지 않던 주변 환경이 보이기 시작했습니다. 도로가 자세히 보이고 사람이 걷기에 불편한 인도와 자동차 우선인 도로가 눈에 들어왔습니다. 건널목과 지하도, 버스 정류장의 위치가 손에 잡혔습니다. 실핏줄같이 사람들을 연결하는 골목도 보였지요. 높고 스마트한 건물이며 나지막한 작은 집들과 상점, 시장 점포와 찻집과 음식점을 보면서 주변 환경이 몸으로 느껴졌고요. 차와 사람으로 부대끼던 몸이 문득 평화로움을 느낄 때면 어느새 녹색 가득한 자연생태 속에 몸이 들어와 있는 것을 발견했지요.

이렇듯 몸의 감수성이 회복되는 은총을 느끼면서 함께 실행해 온 게 있습니다. 1만 보를 걸을 때마다 교회에서 환경생태선교기금을 1백 원씩 적립하는 일이었습니다. 이 환경선교기금을 모아 어떻게 사용할 것인가? 몇 가지를 생각했습니다. 지역 내 에너지 약자나, 마을 도시 정원 가꾸기 사업, 혹은 농촌 교회 햇빛발전소 건설이나 기후난민을 위한 세계 선교기금 등에 사용하는 것입니다. 이와 같은 안을 가지고 교인들과 사용처에 대한 논의를 한 후에 최종 결정을 할 계획이었습니다.

그런데 2021년도 연말에 갑작스레 보르네오 선교지 교회와 연결이 되었습니다. 마나삐우스교회가 햇빛발전소 건설을 요청해 온 것이지요. 감사하게도 뜻깊은 그 일에 동참하는 복을 누릴 수 있었습니다. '만 보 백 원 적립'의 등식은 걷기가 선물하는 감수성을 현실과 잘 연결하여 갈무리하는 멋진 기능을 수행해주었습니다.

1만 보 걷기 운동은 작고 미미한 실천 운동입니다. 누구도 주목하지 않는 운동입니다. 그럼에도 만 보 걷기 운동은 희망입니다. 이 작은 실천 운동을 통해 '하나님을 향한, 사람과 사회를 향한, 자연생태계를 향한' 감수성 회복을 경험하기 때문입니다. 걷기 운동을 지속할 때 이 감수성의 회복이 우리를 어디로 이끌지 궁금합니다. 성서는 하나님의 구원 사역은 세상 바깥으로 나가는 인간만의 구원이 아니라, 이 세계와 함께 구원받는 것으로 완성된다고 강력하게 말씀하시기에 더욱 그렇습니다.

8.

후쿠시마원전 오염수가 온다

우리 교회 전도사님이 갑상샘암 수술을 받은 후에 아직 몸에 남아 있는 암세포를 제거하기 위해 '방사성 동위원소 치료'를 받고 있습니다. 옆에서 그 과정을 전해 들으면서 방사성 동위원소 치료 매뉴얼의 치밀하고 세심한 운영에 감탄했습니다. 그러면서 방사성 동위원소 치료법의 두 가지 타깃을 알게 되었지요. 하나는 몸 안에 있는 암세포를 완전히 제거하는 것이고, 다른 하나는 방사성 요오드를 경구 투여한 후에 몸에서 방출되는 방사성 물질을 완벽하게 처리하는 것입니다. 만약에 몸에서 방출되는 방사성 물질을 처리하지 못한다면 아무리 효과가 뛰어난 방사성 동위원소 치료법이라도 진즉에 폐기되었겠다는 생각이 들었습니다.

일본 정부가 후쿠시마 원전 폭발 오염수를 2023년, 바다에 방류하기로 했답니다. 2011년 후쿠시마 원전 폭발 사건 이후 지금까지 일본 도쿄전력이 보관해오던 고농도 방사성 물질이 섞인 오염수입니다. 일본 원자력규제위원회는 지난 22일, 검토 결과 방류해도 된다는 안전성을 확인했다는 것입니다. 이는 전형적인 '위장녹색전술'Greenwashing입니다. 후쿠시마 원전 오염수는 방사성 물질을 제거한 게 아니라 희석한 것입니다. 일본 정부는 방사성 물질의 농도를 낮췄기 때문에 방류해도 문제가 없다는 입장을 강변하는 모양입니다. 하지만 오염수 안에 있는 삼중수소는 걸러지지 않습니다. 여기에 근본적인 문제가 있습니다. 삼중수소는 오염된 수산물을 통해 인체로 들어오면 '유기결합삼중수소'로 전환하면서 내부 피폭을 일으키는 고위험물질로 알려졌습니다.

갑갑한 것은 대책이 전혀 없다시피 한 한국 정부의 모습입니다. 일본이 해양 방류를 감행하면 빠르면 7개월, 늦어도 10개월이면 우리나라 앞바다에까지 오염수가 밀려온다고 합니다. 일본 정부의 후쿠시마원전 오염수 해양 방류 방침에 중국이나 대만은 물론, 북한까지 주변 모든 나라가 반대 입장을 강력하게 표명하고 있습니다. 특히 중국은 일본 정부를 향하여 해양 방류는 매우 무책임한 행위일 뿐 아니라, 이를 시행할 경우 반드시 대가를 치르게 될 것이라는 강한 표현을 하며 이를 철회할 것을 주장하고 있습니다. 이에 반해 가장 큰 피해가 우려되는 한국 정부는 매우 온건한 입장을 밝혔습니다. 워딩이 이렇습니다. '일본 정부의 조치에 우려를 표명한다.' 언론 보도에 따르면 우리 정부의 입장은 '과학적인 검증이 먼저다'라는 것인데, 이와 같은 표현은 일본 정부 입장과 똑같은 말입니다.

후쿠시마원전 오염수 해양 방류가 불안한 것은 분명한 이유가 있습니다. 방사성 물질이 해산물을 통해 인체에 들어오거나, 바다를 통해 방사성 물질에 인체가 계속 노출될 때 인체에 미칠 악영향은 이미 충분히 검증되었기 때문입니다. 방사성 물질이 암을 유발한다는 것은 상식입니다. 게다가 아직 가늠할 수 없는 해양 생태계에 미칠 악영향을 생각하면 더더욱 두려움을 갖게 합니다.

후쿠시마원전 오염수 해양 방류를 막아낼 수 있는 길은 있을까요? 대안이 있습니다. 전문가들은 핵 방사능 오염수를 방류하지 말고 육지에 보관하고 있다가 방사성 물질이 반감기가 지나면 그때 처리하는 것이라고 합니다. 문제는 비용입니다. 일본은 어마어마한 비용이 들기 때문에 방류하는 것이 최선이라고 강변합니다. 효율성이 가장 큰 가치라는 것이지요. 그러나 돈이 많이 들어간다고 생명을 돈과 바꿀 수는 없는 일입니다.

생각하면 원전 오염수 문제는 인류 모두의 문제이면서 특히 바다를 함께 맞대고 있는 동아시아 국가 모두의 현안입니다. 현안을 위해 머리를 맞댈 수는 없는 것일까요? 방사능 오염수 문제 해결을 위해 비용 문제를 논의할 수 있다면 길이 보이지 않을까요? 차라리 우리 대한민국 정부가 국민을 설득해서 방사성 물질 반감기까지 오염수 보관 비용 일부를 보전해주겠다는 제안을 하면 어떨까 싶은 마음마저 듭니다.

만약 우리 정부가 아무 대책 없이 손 놓고 있다가 후쿠시마 원전 오염수가 우리 바닷가에 밀려오는 쓰나미를 맞는다면 어떤 일이 벌어질까요? 그때에도 우리는 대한민국의 일상을 자랑할 수 있을까요? 병원마다 방사성 밀폐실을 설치해서 미량의 방사성 물질이라도 한 치의 물샐틈없이 관리하는 이 대단하고도 치밀한 일을 여전히 의미 있는 일로 여길 수 있을까요?

9.

우리는 안다

누가 뭐래도 우리나라는 물론이고 지구촌의 핫 이슈는 기후위기입니다. 물론 나라마다 씨름하는 사회적 이슈가 있고, 우크라이나 전쟁처럼 속히 해결되어야 할 인류 평화의 과제가 있는 것도 사실입니다. 그럼에도 기후위기는 지금도 문제이지만 장차 몇십 년간 인간과 지구생태계의 운명을 가를 핵심과제입니다. 따라서 기후위기는 각 나라의 대응과 함께 각국 정부가 협력하고 힘을 모으는 것이 매우 중요합니다. 1988년도에 IPCC(기후변화에 관한 정부 간 패널)가 설립된 이유이기도 합니다.

IPCC는 그동안 지구 온난화와 인간 활동에 대한 연관성을 광범위하게 규명하여 의견일치를 형성하는 데에 큰 공헌을 해왔습니다. 지난 2월, IPCC 6차 평가보고서가 나왔습니다. 이 보고서는 과학자들이 금기시하는 단어인 '절대'라는 단어를 사용하고 있습니다. 충격이지요. 산업혁명 이후 지구의 기온이 이미 1.1도 올라갔기 때문에 2040년까지 온실가스를 지금처럼 배출하면 1.5도를 넘어서는 것은 100% 확실하다고 말합니다. 그러므로 온실가스를 절대적으로 감축해야 한다는 것입니다. 보고서는 일부 기업과 정부 지도자들이 기후위기에 관한 낙관적인 거짓말을 하고 있다면서 그 결과는 재앙이 될 것이라고 경고합니다.

이와 같은 상황에서 독일 정부가 2035년까지 재생 에너지 100% 조달 법안을 발표했습니다. 연방의회에서 6월 통과를 목표로 한답니다. 우크라이나 전쟁으로 각국의 에너지 안보 위기감이 커지는 상황에서 재생 에너지 확대를 장기적 정책으로 확정한 것입니다. 부럽습니다. 물론 재생 에너지 100% 목표 달성이 순탄하지는 않겠지요. 하지만 독일 사회의 재생 에너지 확대 방향은 확고합니다. 법안은 2030년까지 전체 전력 소비량의 80%를 충당하고, 35년까지 100% 재생 에너지를 조달하겠다는 내용이 담겨 있습니다. 독일은 2020년 기준, 에너지의 41%를 재생 에너지로 사용하고 있습니다. 이제까지 유럽의 각국 정부는 재생 에너지 확대 정책을 지속적으로 펼쳐왔습니다. 하지만 독일 정부처럼 재생 에너지 100%를 확보하는 구체적인 법안을 마련하는 경우는 처음입니다.

온실가스 감축에 관한 각국 정부의 입장에는 온도차가 있습니다. 부끄럽게도 우리나라는 '기후 깡패국가'로 불리는 수준입니다. 기후변화 대응 지수가 조사국 61개국 가운데 58위입니다. 온실가스 감축에 매우 소극적이라는 말이지요. 조천호 박사(전 기상과학원 원장)는 이대로 가면 머지않아 기후 깡패국가인 대한민국은 기후 피해

1위 국가가 될 것이라고 합니다. 이 지적은 당장 경제적인 현실이 될 수 있습니다. 참 걱정스럽습니다. 이렇듯 우리나라가 온실가스 감축에 머뭇거리는 이유가 무엇일까요?

무엇보다도 기후위기에 대처하는 온실가스 감축 운동에 대한 오해가 큽니다. 이 문제는 생태적이고 경제적인 관점으로 접근하는 것이 가장 현실적입니다. 그런데 재생 에너지를 확대하는 과정에서 원자력발전 문제가 진영 논리로 비화했습니다. 이 상황은 두 가지 면에서 사람들의 의식에 혼동을 초래했습니다. 첫 번째는 재생 에너지에 대한 부정적 여론의 형성입니다. 대표적인 경우가 태양광 발전의 폐해를 침소봉대한 경우입니다. 두 번째는 원자력발전 비용에 대한 경비축소와 안전성의 왜곡입니다. 이 문제들은 사회적인 팩트 체크가 필요합니다. 원자력발전 비용이 재생 에너지 발전 비용보다 비싸다는 것은 이미 알려진 사실입니다. 진영 논리를 뛰어넘어야 합니다.

또 한 가지는 지도자들의 의식입니다. 우리나라 정치 지도자들이 아직도 '재생 에너지 100%, 그게 가능하겠어요?' 이런 인식을 갖고 있다면 우려스러운 일입니다. 'IPCC 보고서'의 경고가 눈에 들어오기나 하겠습니까? 지금 기업들은 탄소 감축으로 비상입니다. 일반 시민들은 평범한 월급으로는 살아가기가 점점 더 팍팍해지는 원인이 경제 상황에 있는 줄로만 알았습니다. 그런데 진짜 원인은 기후위기 때문에 전 지구적으로 일어나는 홍수와 폭염과 작물 전염병 등으로 곡물 수확량이 줄어들고 식자재가 줄줄이 상승하는 데 원인이 있다는 걸 찾아내고 있습니다. 이제 이들은 말하지 않아도 압니다. 이들의 의식은 점점 더 깊어가고 문제의 핵심을 꿰뚫어 보고 있습니다. 더구나 이들은 바로 우리가 몸담은 교회 공동체의 식구들입니다. 교회 지도자들이 이걸 모르고 있지는 않겠지요.

10.

다윗과 솔로몬, 그리고 역사 교과서

이스라엘 역사에서 가장 주목받는 왕은 다윗과 솔로몬입니다. 그런데 이들에 대한 신명기 역사서와 역대기 역사서의 평가가 상이합니다. 신명기 역사서에 속하는 사무엘기나 열왕기서는 이들의 과오를 가감 없이 보도하는 반면, 역대기 역사서는 이들에 대한 허물과 과오에 대해서는 일체 언급하지 않습니다.

사무엘하 11장에 보면 정욕에 사로잡힌 다윗이 우리아의 아내 밧세바를 보고 한눈에 반하여 그녀를 범합니다. 뿐만 아니라 간음죄를 은폐하기 위해 가장 충성스러운 부하 우리아를 전장에서 죽게 만듭니다. 그런 다윗의 무자비한 악행은 '의인은 하나도 없다'(롬 3:10)라는 인간의 타락한 현실을 강력하게 고발하고 있습니다. 열왕기상 11장도 마찬가지입니다. 솔로몬이 범한 우상숭배의 죄가 얼마나 컸는지 하나님은 이렇게 진노하십니다. "솔로몬이 마음을 돌려 이스라엘의 하나님 여호와를 떠나므로 여호와께서 그에게 노하시니라… 다른 신을 따르지 말라 하셨으나 그가 여호와의 명령을 지키지 않았으므로… 내가 반드시 이 나라를 네게서 빼앗아 네 신하에게 주리라"(왕상 11:9-11).

하지만 역대기는 다릅니다. 다윗과 솔로몬의 이와 같은 범죄를 전혀 취급하지 않습니다. 오히려 이들을 거의 초인적인 차원으로 치켜 올립니다. 그 까닭이 어디에 있을까요? 역사를 보는 관점과 강조점이 다르기 때문입니다.

신명기 역사서는 바벨론 포로기에 쓰인 것으로 추정됩니다. 포로로 끌려간 유다 백성들은 그들의 역사를 믿음의 눈으로 다시 보게 됩니다. 그리고 멸망의 원인을 찾습니다. 그들이 찾아낸 원인은 불순종이었습니다. 결국, 하나님의 말씀에 대한 순종과 불순종이 역사의 결과를 갈라놓았다는 것이지요. 신명기 역사서는 불순종과 악행에 대해 단호히 보도합니다. 그 상세한 기록은 역사적 교훈이 되어 오늘도 빛을 발하고 있습니다. 말씀에 대한 이와 같은 강조 때문에 신명기 역사서를 '예언자적 관점의 역사서'라고 합니다.

이에 반해 역대기 역사서의 중심 주제는 철저하게 성전에 맞춰져 있습니다. 바벨론 포로귀환 이후에 기록한 역대기 역사서는 이스라엘이 바벨론 포로 생활을 견딘 것도 성전 재건에 대한 희망 때문이었다고 해석합니다. 예루살렘 성전은 재건될 참 이스라엘의 중심입니다. 따라서 왕들에 대한 평가도 성전에 대해 무엇을 했느냐에 따라 좌우됩니다. 또한, 포로기 이후 상황을 반영하여 유다가 참된 이스라엘을 대표한다고 여기고 남 유다의 역사만 다루고 있습니다. 이런 역대기 역사서를 '제사장적 관점의 역사서'라고 합니다.

하나님의 구원사인 광대한 이스라엘의 역사가 이렇듯 다양한 관점으로 기록되어 있다는 것이 흥미롭습니다. 관점이 다른 역사서들 덕분에 우리는 하나님의 섭리를 역사 속에서 입체적으로 파악할 수 있습니다. 하나님은 인간의 다양성을 인정하시고 그 안에 하나님의 계시를 담아 주셨습니다. 성경에 상이한 관점의 역사서가 존재하는 까닭입니다.

그런데 하나님께서는 역사서뿐 아니라, 복음서도 4개의 관점을 가지고 기록하게 하셨습니다. 신앙의 절대적인 표준인 성경 안에 이렇게 다양한 관점을 배치해 놓으신 하나님은 참 멋진 분이십니다.

성경을 읽던 눈을 돌려서 국정교과서 논쟁을 바라봅니다. 논쟁이 뜨겁습니다. 하지만 국정교과서 논쟁은 논쟁이랄 것도 없습니다. 핵심은 하나의 역사관만 인정하려는 것을 받아들일 것이냐, 아니냐는 데 있습니다. 여러분은 어떠십니까? 성경도 다양한 관점을 통해 진리에 이르는 길을 활짝 열어놓고 있는데, 역사를 보는 오직 하나의 관점만을 인정하겠다는 논리는 아무리 생각해도 옹색하지 않습니까? 윌리엄 패터슨 대학의 석학 디어도어 쿡 박사의 경고가 마음에서 떠나지를 않습니다. "역사에 있어서 올바르고 진실한 하나의 해석이 있다는 생각 자체가 다른 해석의 가능성으로부터 역사를 방어할 뿐 아니라 세뇌를 하려는 시도이다"(한국일보 인터넷판, 2015.10.16).

II.

역사 숭배와 역사의식

한국교회가 역사를 대하는 태도는 매우 아이러니합니다. 역사적 인물을 인용하거나 그 업적을 기리는 데 뛰어난 재능을 가지고 있습니다. 예를 들어볼까요? 한국교회 강단에서 가장 빈번하게, 가장 긍정적으로 인용되는 역사적 인물 가운데 마틴 루터 킹 목사가 있습니다. 그의 연설 '나에게는 꿈이 있습니다'는 최고의 인용구입니다. 그런데 마틴 루터 킹이 한국의 현실에서 다음과 같이 외쳤다면 어떤 평가를 받을까요? "정의로운 법은 복종해야 할 의무가 있지만 정의롭지 않은 법에 대해서는 법을 지키지 않는 것이 정의를 지키는 것이다."

이 말은 마틴 루터 킹이 앨라배마주의 버밍햄 감옥에 갇혔을 때 쓴 『버밍햄 감옥으로부터의 편지』에 나오는 내용입니다. 당시 미국 기독교 주류는 이 말에 큰 충격을 받았습니다. 그들은 실정법을 지키는 것이 곧 정의라고 믿었던 까닭입니다.

이 구절은 마틴 루터 킹 목사의 생애를 집약해서 보여주는 말이기도 합니다. 마틴 루터 킹의 흑인 민권 운동은 실정법을 뛰어넘는 새로운 세상, 새로운 질서를 추구하는 하나님 나라 신앙에 바탕을 둔 운동이었던 것이지요. 그런 까닭에 그가 벌였던 흑인 민권 운동은 극단주의와 무정부주의로 의심받으면서 온갖 공격을 받았습니다. 실제로 그는 실정법 위반으로 체포와 구금을 밥 먹듯 당하면서 수도 없이 감옥에 갇혔습니다.

흥미로운 것은 이런 변혁적인 인물을 한국교회가 인용할 때 정작 그를 위대하게 만든 역사적 상황은 거두절미합니다. 그는 그저 위대한 신앙의 인물입니다. 만약에 킹 목사의 흑인 민권 운동의 가치와 정신이 아메리카합중국의 주류 정신spirit으로 받아들여지지 않았다면 마틴 루터 킹 목사는 한국교회에서 언급되지 않았을 것입니다. 한국교회는 킹 목사의 변혁적이고 역사적인 삶, 그 행동에 주목하는 것이 아니라, 그의 업적을 빌려다가 자기 자신을 강화하는 데만 사용하는 것입니다.

새해 달력을 교인들과 나누었습니다. 달력에는 매달 감리교회 신앙의 인물들이 소개되어 있습니다. 참신한 발상입니다. 한 분 한 분 살펴보면 한국교회와 사회에 큰 영향력을 끼친 신앙의 인물로 손색이 없는 사람들이었습니다. 그런데 그중 한 인물을 보고는 깜짝 놀랐습니다. 윤치호가 주인공이었기 때문입니다.

윤치호는 독실한 기독교인입니다. 초창기 남감리교회를 대표하는 인물로 손색이 없습니다. 그에 대해서는 많은 기독교인이 애국가를 작사한 훌륭한 애국지사로 생각합니다. 하지만 이는 윤치호의 젊은 시절 이야기입니다. 그는 갑신정변이 실패로 끝난 후 상하이에 망명하면서 기독교로 개종을 하고, 남감리교회의 후원으로 미국 밴더빌트와 에모리 대학에서 공부하고 귀국했습니다. 그때 그의 가슴은 뜨거웠습니다. 조선을 근대 사회로 전환해야 한다는 민족 변혁 운동에 대한 뜨거운 심장이 있었습니다.

하지만 거기까지입니다. 1920년대 이후 그는 친일 단체에 깊숙이 관여하면서부터 더 이상 이전의 민족변혁운동가 윤치호가 아닙니다. 1937년 중일 전쟁 발발 이후에는 더욱 노골적인 친일행적으로 그의 생애는 얼룩졌습니다. 윤치호의 친일행적이 더 마음 아픈 이유가 있습니다. 초기 윤치호라는 이름에 담긴 명망 때문에 사람들의 의식을 흐리게 만들기 때문입니다. 그는 일제 마지막 시기, 귀족원 의원을 지내는 것으로 화려하고도 부끄러운 친일행적을 마무리했습니다.

그럼에도 여전히 한국교회는 윤치호를 위대한 신앙의 인물로 추앙합니다. 그리고 말합니다. "우리 기독교는 이렇게 훌륭했다!" 역사의 공과功過를 평가하지 않고 역사의 단면을 무조건 숭배하는 것만큼 위험한 일은 없습니다. 역사 속의 위대한 인물을 자랑한다고 교회가 덩달아 훌륭해지는 게 아닙니다. 정말 필요한 것은 그의 신앙과 삶을 주목하고 그 정신을 따르려는 역사의식입니다. 오늘 우리에게 필요한 것은 피상적으로, 편리한 대로 역사를 이용하는 역사 숭배가 아니라 사회의 변화에 주체적으로 참여하는 생생한 역사의식입니다. 살아있는 역사의식으로 거듭나는 진정한 출발이 필요한 새해 벽두입니다.

12.

이런 일이 일어나다니 믿을 수가 없어요

세상에서 가장 슬픈 시위가 계속되고 있습니다. 1992년부터 30년 동안 1,550차례(2022.6.23. 현재)나 열린 위안부 수요시위 이야기입니다. 정식 명칭은 '일본군 위안부 문제 해결을 위한 정기 수요시위'입니다. 이 슬픈 시위에는 전쟁 범죄에 대한 분노가 밑바닥에 깔려 있습니다. 그런데 그 분노를 폭발하게 만드는 터무니없는 일이 멀리 독일에서 벌어졌습니다. 지난 26일 베를린 평화의 소녀상 앞에서 한국과 일본의 극우 인사 4명이 시위를 벌인 것입니다.

이들은 "위안부는 전시 성폭력 피해자가 아니다. 위안부가 성노예였다는 것은 역사를 왜곡하는 허무맹랑한 이야기"라며 베를린 평화의 소녀상 철거를 주장했습니다. 하지만 이들의 주장이야말로 왜곡된 역사관에 기초해 있는 것입니다.

위안부 문제에 관심을 가진 사람은 1991년 8월 14일, 고 김학순 할머니의 역사적인 증언을 기억할 것입니다. 김학순 할머니는 '위안부 피해 경험'을 최초로 증언한 분으로 동대문교회 권사님이 기도 했습니다. 김학순 할머니의 증언은 생생했습니다. 17살에 베이징에서 일본군에게 끌려가 성노예 생활을 시작한 과정과 거기에서 일어났던 처절한 아픔이 있는 사실 그대로 전달되었습니다. 이 증언으로 아무도 말하지 못하였던 우리 사회의 깊은 아픔이 세상에 드러났습니다. 동시에 위안부 문제는 일본 제국주의의 조직적인 범죄였다는 것 또한 분명해졌습니다. 그의 증언이 커다란 반향을 불러일으키자, 일본과 국내 우익단체는 즉각 '증거를 대라'고 공격을 했습니다. 김학순 할머니는 그들을 향해 "내가 바로 살아있는 증거!"라며 준엄하게 꾸짖었습니다.

김학순 할머니의 용기 있는 증언은 국내의 위안부 피해자들은 물론이고 필리핀, 네덜란드 등 세계 각지에서 일본군에게 당한 피해자들의 증언을 불러일으켰습니다. 위안부 수요시위가 시작되었고 2011년 12월 14일 1,000회를 맞이하면서 '평화의 소녀상'이 세워졌습니다. 그사이 일본군 위안부 문제는 세계 각국에서 반인권적인 전쟁 범죄로 규정이 되기 시작했습니다.

2007년, 미국 하원은 위안부 결의안을 만장일치로 채택하여 일본의 반성과 사죄를 촉구했습니다. 네덜란드 하원과 캐나다 하원 역시 결의안을 채택하였습니다. 이후 유럽의회도 위안부 결의

안을, 2008년에는 필리핀 하원이 결의안을 채택하였습니다. 유엔 인권이사회는 보고서를 채택하여 일본은 사죄와 보상으로 피해자의 존엄성을 회복시켜야 함을 촉구하였습니다. 2018년 대한민국은 8월 14일을 '위안부 피해자 기림의 날'로 국가 기념일 지정을 하였습니다.

하지만 일본 극우 세력과 손을 잡은 일부 국내 극우단체들은 이전보다 더 적극적으로 위안부 문제를 부정하고 있습니다. 이번 베를린 소녀상 시위에 참여한 '낙성대 경제연구소'에 소속된 연구위원이 대표격입니다. 이 연구위원은 2019년 7월, 〈군함도의 진실〉이란 심포지엄에서 발표를 맡았습니다. 이 심포지엄은 스위스 제네바에서 유엔 인권이사회가 개최되는 시점에 맞추어 열린 자리였습니다. 일본이 군함도에 강제 동원을 하지 않았다는 자기변명을 하기 위해 마련한 자리였지요. 여기에서 이 연구원은 "과거 많은 조선인 노동자는 자발적으로 일본에 갔으며 조선인과 일본인 노동자들은 동일한 임금을 받았다"라고 했습니다. 일제의 강제 징용을 부정한 것입니다. 일본 극우의 주장을 대한민국 학자가 앞장서서 대변해 주었으니 일본이 얼마나 좋아했겠습니까? 지난 6월 26일 베를린에서 소녀상 철거를 주장하며 '위안부는 역사 왜곡'이라는 잘못된 주장을 편 인물이 바로 동일 인물입니다.

이처럼 명백한 역사 왜곡이 반복되는 것은 이들이 우리 사회의 상식과 건강함을 깔보기 때문입니다. 두렵지 않다는 것이지요. 독일 사회는 평화의 소녀상을 철거하라는 한국 극우 인사들의 시위에 큰 충격을 받았다고 합니다. 독일인들은 '이런 일이 일어나다니 믿을 수가 없어요'라며 눈물까지 지었다고 하지요. '반나치법'이 있는 독일은 헌법에 나치를 부정하는 조항을 둔 것은 물론이고, 헌법에 반하는 나치의 상징을 사용하거나 나치를 선전하는 일을 원천적으로 금지하고 있습니다.

독일의 모습을 보면서 우리나라도 '친일찬양금지법'을 제정할 필요가 있다는 것을 절감합니다. 일제 강점기를 미화하는 자를 처벌할 수 있도록 하는 '친일찬양금지법.' 그런데 이미 2020년도 21대 국회의원 후보자의 97.8%가 친일찬양금지법 제정에 찬성했다는 겁니다. 이 정도 국민적 공감대라면 입법을 완성할 방안을 찾아야 할 것입니다. 그래야 다시는 '이런 일이 일어나다니 믿을 수가 없어요'란 부끄러운 이야기를 듣지 않을 것입니다.

13.

놀고 싶어라

이천에 살 때니까 꽤 오래전 이야기입니다. 설봉산에 가끔 올랐습니다. 설봉산은 이천 시내를 품고 있는 이천의 진산이지만 높이가 394m밖에 안 되는 야트막한 산입니다. 하지만 주변에 높은 산이 없어서 정상에 오르면 이천은 물론 멀리 여주까지도 보이고, 남서쪽으로는 중부고속도로와 도드람산이 한눈에 들어오는 풍광이 빼어난 산입니다.

한번은 설봉산 정상에서 영월암 쪽으로 내려오다가 뭔가를 등에 짊어지고 올라오는 두 사람을 만났습니다. 높은 산도 아닌데 전문 산악용 배낭보다 2~3배는 커 보이는 배낭을 짊어지고 뒤뚱거리며 올라오는 모습이 매우 힘들어 보였습니다. 게다가 머리에는 헬멧을 쓰고, 날렵한 파워 스트레이트 티셔츠와 바지를 빼입은 모습이 얼마나 이상해 보였는지 모릅니다. 알고 보니 그들은 패러글라이딩을 즐기는 사람들이었습니다. 그들은 설봉산 정상에서 날아오르기 위해 산꼭대기로 올라가는 중이었지요.

패러글라이딩의 원리는 간단합니다. 산 정상에서 패러글라이더를 똑바로 세워 불어오는 바람과 정면으로 맞서 하늘로 날아오르는 것입니다. 알고 보니 주변에 높은 산이 없고 탁 트인 평야 지대가 펼쳐진 설봉산은 패러글라이딩의 최적지로 꼽힌다는 것이었습니다. 산 정상에서 바람을 제대로 만나기만 하면 하늘로 높이 떠올라 중부고속도로를 굽어보며 활공하다가 방향을 동쪽으로 선회하면 이천 시내 위를 천천히 내려다보면서 비행을 할 수 있답니다. 마지막으로는 대개 복하천 둔치로 착륙하는데 그 모습이 한 폭의 그림과도 같습니다. 그들은 무엇과도 바꿀 수 없는 그 시원하고 짜릿한 놀이 때문에 산 위로 올라가는 것입니다.

끙끙대며 올라가는 패러글라이딩 족에게 바보 같은 질문을 했습니다. "오늘 평일인데 바쁘지 않으세요?" 한 사람이 간단하게 대답을 하더군요. "우리요? 우리는 패러글라이딩을 하기 위해 일을 합니다." 망치로 한 대 얻어맞은 것 같았습니다. '아, 이 사람들은 패러글라이딩을 즐기기 위해 부업으로 일을 하는구나. 자기가 좋아하는 일을 하며 놀려고 돈을 모으고, 시간 계획을 세우는 사람들이구나!' 이들의 지나가는 한마디가 바쁜 일상에 빠져 잊고 있던 일의 의미를 묻게 만듭니다.

대통령 선거에 나선 후보들이 삶의 질을 높이겠다며 '주 4일, 혹은 주 4, 5일 근무제'를 들고나왔습니다. 우리나라 법정 노동시간은 현재 주 40시간입니다. 1991년 44시간에서 2003년 40시간으로 단축된 이후 20년 가까이 지속되는 노동시간입니다. 2019년 기준으로 우리나라 노동자들의 연간 노동시간은 1,967시간으로 경제협력개발기구OECD 평균보다 241시간을 더 일한다고 합니다. 일 년 평균 한 달이나 더 일하고 있는 셈입니다. 대선 주자들이 이 문제를 공론화하였으니 우리 사회에도 주 4일제 근무제 도입이 멀지 않아 보입니다. 그런데 흥미로운 대목이 있습니다. 퇴근 후 SNS를 통한 업무 지시를 금지해야 한다는 것입니다. 언제 어디서나 활성화되어 있는 SNS가 일에 대한 족쇄로 작용하고 있다는 것이지요.

정말 삶의 질이 중요한 시대가 되었습니다. 이제까지는 돈을 벌기 위해 일을 했지만, 이제는 삶의 질을 묻습니다. 자유롭고, 평화가 가득한 행복한 삶을 이야기합니다. 그런데 삶의 질에 대해서 가장 오래전에, 가장 근원적으로 언급한 문헌이 성경이라는 사실을 알고 있는 사람은 많지 않은 것 같습니다. 성경의 핵심은 안식일 신앙입니다. 하나님 창조의 완성인 안식일, 역사 속에서 안식을 빼앗기며 살아가던 노예들에게 자유민의 지위를 되찾아 주고, 다시 한 번 안식일 신앙을 강조하신 하나님, 그리고 마침내 이루어질 구원의 완성인 안식. 그 안식일 때문일까요. 우리는 오늘도 마음속 깊이 '놀고 싶어라'를 연발하며 살아갑니다. 제대로 안식하고 잘 노는 것, 성경은 그것이 가장 아름다운 삶이라고 일러주는데 잘 노는 법을 찾아 제대로 노는 교회 공동체를 열렬하게 꿈꾸는 것은 시기상조일까요? 그래도 꿈꾸고 싶네요.

14.

장애인과 비장애인이 더불어 사는 사회

저상버스 타보신 적 있나요? 지하철역에 설치된 엘리베이터도 이용해 보셨는지요? 저도 몇 번, 엘리베이터를 편리하게 사용한 기억이 납니다. 원래 저상버스와 지하철 엘리베이터는 장애인들을 위하여 도입된 이동 수단들입니다. 그런데 지금은 노인들이나, 임산부, 혹은 몸이 불편한 사람들, 그리고 비장애인들까지 편리하게 이용하고 있습니다. 그럼 이 승강기가 설치되는 데 혁혁한 공(?)을 세운 '전국장애인차별철폐연대'(이하 전장연)는 알고 계시는지요? 아마 알고 계실 것입니다.

최근 '국민의 힘' 이준석 당 대표가 연일 전장연의 지하철 시위를 비판하고 있기 때문입니다. 그는 "수백만 서울 시민을 볼모로 잡는 부조리한 장애인 이동권 투쟁에 공권력이 적극적으로 개입해야 한다"라고 주장합니다. 이준석 대표는 수백만 시민의 불편함을 끌어들여서 소수의 장애인을 향해 자기가 가지고 있는 편협하고 불편한 입장을 정당화하려고 하는지도 모르겠습니다. 어찌 되었건 이 대표 덕분에 장애인 이동권 문제는 모든 국민이 관심하는 뜨거운 논쟁거리가 되었습니다. 긍정적인 일입니다. 하지만 장애인 이동권 문제는 최근에 불거진 문제가 아니라 아주 오랫동안 우리 사회가 차별 없는 문명국임을 입증해야 하는 문제로 다뤄온 현안입니다. 다만 대중적인 관심을 끌지 못했을 뿐이지요.

장애인 이동권이 사회적 문제로 대두된 것은 2001년입니다. 지하철 4호선 오이도역에서 장애인 리프트 쇠줄이 끊어져 7m 아래로 추락했습니다. 이날 사고로 70대 장애인 노부부 가운데 아내는 사망하고 남편은 두 다리가 부러지는 중상을 입었습니다. '오이도역 추락 참사'로 전장연의 전신인 〈장애인 이동권 연대〉가 생겼습니다. '장애인 이동권 연대'는 2002년 9월 지하철 1호선 서울역에서 철로를 점거합니다. 장애인 30여 명이 '장애인도 이동할 권리가 있다!'라고 외치다가 30여 분 만에 모두 연행이 되었습니다. 집행위원장 박경석 씨는 구속되어 철도법 위반 혐의로 벌금 300만 원을 선고받았습니다.

그런데 추락 참사는 오이도역에서만 일어났던 게 아닙니다. 1999년 6월 혜화역 추락사고와 그해 10월 천호역 사고가 있었습니다. 오이도역 추락 참사 1년 뒤인 2002년 6월에는 5호선 발산역에서 또다시 리프트 추락 사망 사고가 일어났습니다. 사고와 참사는 연례적이었던 것입니다. 안전한 이동을 보장해주지 않는 서울시를 향해 장애인들은 목에 사다리를 끼우고, 쇠사슬로 휠체어를 감싼 채 지하철 철로를 점거했습니다. 서울시의 공개 사과를 요구하며 국가인권위원회에 들어가 39일간의 단식 투쟁을 벌였습니다.

그 결실로 서울시로부터 2004년까지 모든 지하철역에 승강기 100% 설치, 저상버스와 장애인 특별교통수단의 도입을 약속받습니다. 국회에서는 '교통약자의 이동증진 편의법'이 제정되었습니다. 하지만 약속은 지켜지지 않았지요. 장애인의 이동편의시설은 여전히 부족하고, 저상버스의 도입을 가로막는 예외 조항은 그대로여서 장애인 이동권은 완전히 보장되지 못하고 있습니다.

오랫동안 미국 생활을 하다 돌아온 임병도는 대한민국을 '거리에서 장애인을 볼 수 없는 나라'라고 말합니다(오마이뉴스, 2022.3.30). 장애인이 적어서가 아니라, 장애인이 밖으로 나와 자유롭게 다닐 수 있는 기반시설이 부족하기 때문입니다. 미국 사회를 접한 사람들이 한결같이 감탄하는 말이 있습니다. '미국은 장애인 천국이다.' 언제까지 미국 사회를 감탄해야 하는지, 우리 상황이 참 옹색해 보입니다. 심지어 이웃 일본도 장애인 우선 사회라는 데 말이지요. 2021년 현재 우리나라 장애인 인구는 263만 명으로 인구 대비 5.1%에 이릅니다. 그런데 전장연에 따르면 장애인의 70.5%가 아직도 밖으로 나오지 못한 채 20년, 30년을 집안에서 갇혀 지내고 있다네요.

장애인 지하철 시위는 불편합니다. 1분 1초를 다투는 직장인들에게 출퇴근 시간에 지하철을 붙잡아 놓는 것은 분명 속상한 일입니다. 그렇다고 불편함을 부각하며 갈등을 부추기는 사람을 향해 묻고 싶습니다. 만약 그렇게 수십 년간 투쟁하지 않았다면 장애인 이동권 보장이 얼마나 이루어졌을까요? 장애인들의 묶인 발을 자유롭게 하는 일에 얼마나 공감하고 그들을 생각했을까요? 장애인을 집안에만 가두어 두는 사회 환경에 무감각한 채 살아가도 전혀 이상하지 않은 사회가 과연 선진국 진입을 눈앞에 둔 문명사회일까요?

거의 1세기 전이네요. 신학자 라인홀드 니버Reinhold Niebuhr가 했던 말을 이렇게 바꾸어 새겨보았으면 합니다. "인간적인 삶을 위한 장애인들의 도전은 비장애인들이 누리는 어떤 권리보다 더 고차원적인 도덕적 권리를 갖고 있다."

15.

뉴욕 부자만도 못한 지도자들

미국 뉴욕만큼 숱한 사회적 문제를 안고 있는 도시도 드물어 보입니다. 노숙자만 8만 명 이상에 이른다고 하지요. 어린이 빈곤율 역시 기록적으로 높은 것으로 유명합니다. 게다가 성인들을 위한 직업기술 교육 등 구조적으로 사람들을 빈곤에서 건져낼 수 있는 사회적 여건도 열악하답니다. 낙후된 도로와 터널, 공공시설의 부족과 공교육의 후진성 또한 뉴욕의 극심한 소득불균형을 심화시키는 원인으로 손꼽힙니다. 그런데 이 문제를 해결하기 위한 해법이 제시되었습니다.

'장기적인 경제 안정과 성장을 위해서는 사람과 인프라에 대한 투자가 선행되어야 한다. 여기에 대한 투자는 새로운 직업을 창출할 뿐만 아니라, 뉴욕의 극심한 소득 불균형을 줄이게 될 것이다. 이 일을 이루기 위해서는 소득 상위 1%의 부자들에게 더 높은 소득한계 세율을 부과할 필요가 있다. 그리고 저소득층의 소득세율은 지금보다 낮춰줘야 한다.'

이 내용만을 놓고 보면 진보적인 정당이나 사회단체의 주장처럼 보입니다. 하지만 이는 미국 뉴욕의 상위 1%에 해당하는 부자들의 주장입니다. 이들은 뉴욕의 소득세율 개정안을 앞두고 뉴욕의 경제 사회적인 문제를 앞장서서 해결하기 위한 해법을 제시하고 나선 것입니다. 이들의 주장은 한마디로 '세금을 더 내겠다!'라는 것입니다. 이런 주장을 하는 부자 51명은 실제로 자신들의 세금을 더 올려달라는 청원서를 주지사에게 냈습니다. 우리로서는 상상할 수도 없는 일입니다.

이들은 왜 세금을 더 내려고 할까요? 이유는 간단합니다. 지금처럼 빈부격차가 계속되면 장기적인 경제 불황으로 그들의 안정적인 경제 수입이 위협받게 될 것이기 때문입니다. 이들은 청원서에서 이렇게 말합니다. "우리는 기업가이자, 투자자로서 장기적인 경제 안정과 성장을 위해서는 사람과 인프라, 그리고 커뮤니티에 대한 강력한 투자가 필요하다는 것을 알고 있다."

뉴욕 부자들의 주장이 알려지기 한 달여 전, 2월 25일에 대통령 직속 국민대통합위원회 보고서를 분석한 기사가 매일경제신문에 실렸습니다. 이 기사는 보고서의 핵심을 이렇게 전합니다. "우리 사회에서 가장 심각한 갈등의 진원지는 '빈부격차'다. 우리 사회는 경제력 차이로 인한 위화감과 불만이 극에 달하고 분노 사회를 넘어 '원한 사회'가 되고 있다." 국민대통합위원회 보고서는 한국 사회의 갈등 양상이 사회 기반을 무너뜨릴 수 있을 만큼 위험수위에

다다랐다고 단정합니다. 생존에 대한 불안감을 젊은 세대에 국한된 것으로 보는 것은 이미 의미가 없어졌다는 것이지요. 젊은 세대, 기성세대 할 것 없는 광범위한 사회 현상입니다.

하지만 그뿐입니다. '대통령 직속 국민대통합위원회'의 처절한 보고서가 나왔음에도 거기에 대한 후속 조처는 찾아볼 수 없습니다. 보고서는 신자유주의의 폐해가 고스란히 고여 폭발할 지경에 이르렀음을 경고하고 있지만, 정부나 책임을 져야 할 정치인들은 미동도 하지 않습니다. 새로운 사회를 위한 정책이 어디에 있습니까. 다만 국회의원 선거일을 코앞에 두고 한 표를 얻기 위해 땅바닥에 무릎을 꿇고 절을 하는 퍼포먼스에만 열을 올립니다. 우린 또다시 그걸 용인해야 할까요. 그렇게 된다면 뉴욕의 부자만도 못한 정부와 정치 지도자 밑에서 살아가는 운명에 영원히 매일지도 모를 일입니다.

"자기만 먹는
이스라엘의 목자들은 화 있을진저….
너희가 살진 양을 잡아 그 기름을 먹으며
그 털을 입되 양 떼는 먹이지 아니하는도다"(겔 34:3-4).

16.

드레퓌스 사건과 예언자

프랑스의 근대사를 뒤흔든 '드레퓌스 사건'이 있습니다. 1894년 유대계 포병장교 알프레드 드레퓌스를 간첩으로 조작한 사건입니다. 1871년 보불전쟁에서 패한 프랑스는 시련의 시기를 보냅니다. 막대한 전쟁 배상금이 부과되었고, 이를 감당하지 못한 프랑스는 결국 1882년 금융공황에 휩싸였습니다. 은행들이 줄줄이 도산했습니다. 저축했던 돈을 날려버린 사람들은 금융계를 주름잡던 유대인을 미워했습니다. 이런 사회적 배경 속에서 프랑스 군부는 독일에게 프랑스의 비밀을 흘려주는 간첩을 탐지합니다. 간첩에 대한 단서는 오직 하나 'D'라는 암호명뿐이었습니다. 드레퓌스는 이름의 첫 글자가 암호와 일치한다는 이유로 간첩으로 체포됩니다.

하지만 드레퓌스를 체포한 군부는 구체적인 증거가 없었습니다. 군부는 드레퓌스 대위의 체포 사실조차도 공표하지 못할 정도였습니다. 이때 반유대주의 신문인 '자유언론'이 군부가 매국노를 비호한다면서 군부의 우유부단함을 대대적으로 보도했습니다. 이 보도는 반유대주의에 기름을 부었습니다. 반유대주의의 광풍이 프랑스 전역에 불어 닥쳤고, 마침내 드레퓌스는 군법회의에서 종신형을 선고받습니다. 그 후 프랑스 군부는 진범을 잡아놓고도 자신들의 치부를 감추기 위해 진범을 풀어주기까지 했습니다.

사건은 대문호 '에밀 졸라'의 폭로로 새 국면을 맞습니다. 에밀 졸라는 군부가 만들어낸 거짓과 불의, 공작을 폭로했습니다. 이에 대해 군부와 가톨릭, 국수주의자들은 거세게 저항을 합니다. 그렇지만 진실에 눈뜨기 시작한 여론은 새로운 흐름을 만들었고 마침내 1906년 드레퓌스는 무죄를 선고받습니다. 드레퓌스 사건으로 프랑스에서 왕당파의 정치적 영향력은 완전히 소멸되고, 프랑스는 공화제를 공고히 세우게 됩니다.

100년이 지난 후 한국에서 일어난 한국판 드레퓌스 사건이 있습니다. 1991년에 일어난 '강기훈 유서 대필 사건'입니다. 당시 정부는 계속되는 실정과 공권력의 폭력에 항의하는 시민들을 잠재우려고 '유서 대필 정국'을 조성했습니다. 사건의 개요는 강기훈 씨가 자살을 부추기고 유서까지 대필해 주었다는 것입니다. 강기훈 씨는 파렴치한 사람으로 지탄을 받고, 자살을 방조한 혐의로 기소되어 유죄 판결을 받습니다. 3년 6개월간 억울한 옥살이를 했습니다. 사회 운동권은 도덕적으로 큰 타격을 받았습니다. 이때 '국립과학수사연구원'의 엉터리 필적감정은 재판의 결정적 증거가 되었습니다.

그런 대법원이 2015년 5월 14일, 재심을 받아들여 강기훈 유서 대필 사건에 대해 무죄 확정 판결을 내렸습니다. 24년 만에 진실이 밝혀진 것입니다. 하지만 재심 결과 무죄 판결이 확정되었는데도 누구 하나 강기훈 씨 앞에 사과하지 않습니다. 사법부도, 검찰도, 언론도, 그 어느 누구도 말입니다. 그 모습을 보면서 우리 사회에 정의는 존재하는 것일까, 아니 정의에 대한 관념조차 존재하지 않는 것은 아닐까 하는 회의감마저 듭니다.

오늘 기독교 신앙에서 정의는 갖고 있기에 불편한 계륵과 같다는 생각을 지울 수 없습니다. 예언자들이 선포한 정의가 사실은 왕정 시대의 비주류들이 외쳤던 작고 미약한 몸부림에 불과했다는 생각까지 포함해서 말입니다. 그 미약하고 보잘것없는 외침이 기독교 신앙의 한 축으로 자리 잡은 것은 전적으로 예수님 덕분일 것입니다. 예수님께서 예언자들을 하나님 나라의 콘텐츠로 받아들이셨기 때문이지요.

이제 기독교 신앙에서 정의는 다시 예언자들의 비주류 시대로 돌아가고 있습니다. 그리스도인들은 더 이상 정의에 관심을 갖지 않는 것처럼 보입니다. 또 하나님의 뜻을 행하는 것은 곧 정의를 행하는 것이라고도 말하지 않습니다. 드레퓌스 사건은 정의를 세울 때 사회가 한 걸음 진보한다는 걸 보여줍니다. 강기훈 사건 역시 우리 사회의 정의를 세우는 일에 보탬이 되는 일대 사건입니다. 그런데 우리는 그렇게 생각하지 않는가 봅니다. 그래서 우리는 강기훈 사건의 재심 확정 판결 앞에서 어느 누구 하나 사과를 하지 않아도 회개하라 말하지 않고 침묵하는 것일까요.

17.

끝까지 볼 수 있을까?

존경받는 두 사람의 이야기로 시작해 보려고 합니다. 한 분은 프란치스코 교황이고, 또 한 분은 전덕기 목사입니다. 프란치스코 교황에 대한 찬사가 뜨겁습니다. 교황에 대한 찬사는 소박하고, 검소한 서민의 삶을 가치 있는 삶으로 복원한 것에서 시작됩니다. 프란치스코 교황은 추기경 시절 호화로운 추기경 관저가 아닌 서민 아파트에서 살았습니다. 고급 승용차를 이용하지 않고 버스를 이용해서 출퇴근했습니다. 파격이지요. 그 파격에서 사람들은 희망을 봅니다. 그런데 그는 교황이 된 후에 더 큰 파격의 행보를 이어갑니다. 그는 우리가 사는 이 세계, 현대 자본주의 체제의 사악함을 비판하고 있습니다. 온 지구를 덮고 있는 신자유주의 시장 경제 체제가 인류가 걸어야 할 바른길인가를 성찰하도록 문제를 제기하고 있는 것입니다.

전덕기 목사가 있습니다. 그의 삶 또한 파격의 전형입니다. 전덕기 목사는 1907년 남대문 시장통에 있는 상동교회에서 목회했습니다. 당시 남대문 시장통에는 가난하고 어렵고 힘든 사람들로 넘쳐났습니다. 그의 목회가 어떠했는지를 잘 알려주는 이야기가 있습니다. 그는 항상 마른 쑥과 나막신, 그리고 의지, 이 세 가지를 준비하고 다녔답니다. 연고가 없는 가난한 사람이 죽으면 그대로 방치되어 방안에는 시체 썩는 물이 흥건했습니다. 그때 준비하고 있던 나막신을 신고 방 안으로 들어간 것이지요. 시체 썩는 냄새가 얼마나 역했겠습니까. 그러면 늘 갖고 다니던 마른 쑥을 꺼내 코를 틀어막고는 시체를 수습했다고 합니다. 그리고 종이로 만든 약식 관棺인 의지로 장례를 치러주었던 것입니다.

전덕기 목사는 여기서 한 걸음 더 나아가 강도 만난 민족의 독립을 찾는 일에 자신을 바쳤습니다. 상동교회를 중심으로 모여 민족 독립운동을 벌인 사람들을 상동파라고 합니다. 민족 독립운동사에서 상동파는 아주 특별한 의미가 있습니다. 헤이그로 파견된 이준 열사는 상동교회 집사였습니다. 신민회는 상동파와 황성기독교청년회가 중심이 되어 대한제국의 숨통을 끊으려는 일제에 저항한 운동이었습니다. 이 운동의 중심에 전덕기 목사가 있었습니다.

프란치스코 교황은 힘들고 어려운 이웃과 함께하는 길을 애써 찾았습니다. 전덕기 목사 역시 어렵고 힘든 남대문 민중들의 삶 속으로 뛰어들었습니다. 두 사람의 이런 삶 자체가 희망이었습니다. 그런데 이들은 거기에서 머물지 않고 한 걸음 더 내딛습니다. 교황은 시장 자본주의 체제가 우리 모두가 사는 이 세계의 꿈인지를 심각하게 묻고 있습니다. 전덕기 목사는 민중들의 고통스러운 삶의 이면에 무너지는 민족의 삶이 있음을 보았습니다. 이들은 힘들고 어려운 삶의 현상 뒤에 숨어있는 본질을 보았던 것입니다. 현상 이면에 있는, 더 깊이 보아야 할 것, 본질을 볼 수 있어야 합니다. 그건 용기가 필요합니다. 오늘 우리에게 전덕기나 프란치스코 교황 같은 지도자가 보이지 않기에 더욱 그렇습니다.

18.

미얀마를 잊지 말아요

미얀마에서 쿠데타가 일어난 지 어느새 1년이 다 되어갑니다. 지난해에 일어난 쿠데타로 수많은 사람이 희생되었습니다. 지난 1월 1일 현재, 통계에 따르면 1,393명이 사망하였고, 1만 1,296명이 체포되었으며, 1,964명이 수배자가 되었습니다. 이는 단순한 통계 숫자가 아닙니다. 한 사람, 한 사람의 고통이고 절규이며 한입니다. 이들과 직접적으로 연결된 가족과 친구와 친지들의 피눈물입니다. 이들의 아픔은 과연 어디에 머물러 있을까요?

안타까운 것은 미얀마의 상황이 여전히 나아지지 않다는 데 있습니다. 쿠데타에 맞서는 시민들을 향한 무차별적인 살상은 계속되고 있고, 미얀마를 놓고 벌이는 국제 사회의 알력은 자국의 이익을 극대화하는 데 초점이 맞추어져 있습니다. 지지부진한 상황은 장기화될 것이란 전망이 우세합니다. 일상의 삶과 생명을 담보로 군부와 맞서 싸우고 있는 미얀마 시민들의 미래는 고립이냐, 연대냐에 따라서 그 운명이 달라질 것입니다.

이런 안타까운 상황 속에서 국내에서도 꾸준히 미얀마 민주주의를 지원하는 연대 활동이 계속되고 있습니다. 회원 400여 명을 둔 '전북작가회의'가 있습니다. 이 단체는 작년 2월에 미얀마 군부 쿠데타 소식을 듣고는 가장 먼저 긴급회의를 소집했습니다. 작가들은 미얀마가 광주와 같은 상황을 만났으니 그냥 두고 봐서는 안 되겠다는 마음을 모아 당장 할 수 있는 일을 시작했지요. 38명의 시인이 미얀마 민주화를 촉구하는 연대 시를 썼습니다. 다른 문인들은 거기에서 끝나지 않고 성금을 모아 미얀마 민주화 가족들에게 생활비를 전달했습니다. 게다가 작년 7월에는 미얀마 민주화를 응원하는 인권 수업이 전라북도 지역 10개 중학교에서 진행되었습니다. 10명의 시인이 1일 교사로 나서서 미얀마 민주화 운동의 실상을 학생들에게 알리는 뜻깊은 수업을 한 것입니다.

그런 '전북작가회의'에서 새해 들어 특별한 사업을 펼쳤습니다. 2022년 1월 26일, 3개 국어로 번역된 『붉은 꽃을 내 무덤에 놓지 마세요』라는 시집을 발간하는 사업입니다. 이 시집에는 영어와 미얀마어, 한국어 등 3개 국어로 번역된 20여 편의 항쟁 시가 수록됩니다. '작가회의'는 이 시집을 통해 미얀마 민주항쟁이 결실을 보도록, 관심이 식어가는 국제 사회에 관심을 불러일으켰으면 좋겠다고 말합니다. 이 시집은 이렇게 외치는 듯합니다. '1980년 광주는 외로웠지만, 2022년 미얀마는 외로워선 안 된다!' 이 항쟁의 시편들을 통해 마음과 마음이 이어지는 깊은 연대의 힘이 생겨나길 기대하게 됩니다.

기독교에서도 미얀마를 위해 매주 '미얀마 민주주의와 인권 회복을 위한 목요기도회'를 갖고 있습니다. 그동안 43차례의 기도회를 가졌습니다. 개신교에서 미얀마 상황에 관심을 갖고 지원하는 그룹들이 모여 결성한 '미얀마민주화기독교행동'이 주관하는 기도회입니다. 이 기도회는 정말 미미해 보입니다. 그럼에도 1년 가까이 기도회를 계속 갖고 있다는 것이 대단합니다. 변변한 후원단체가 있는 것도 아닌데 지난 1년 동안 미얀마 민주화 운동을 위해 4만 달러 이상을 후원해 왔습니다. 그동안 미얀마 상황에 관심을 갖는 교회들은 미얀마 선교와 관련이 있거나, 미얀마 사람들이 신앙 공동체에 합류한 경우가 대부분이었습니다. 미얀마 목요기도회에 더 많은 신앙 공동체가 참여하여 한국교회의 이름으로 미얀마 시민과 연대한다면 얼마나 실질적인 변화들이 일어날까 꿈꿔봅니다.

그러나 현실은 쉽지 않습니다. 미얀마는 국제 사회에서 잊혀 가고 있습니다. 미얀마가 잊힌다는 것은 미얀마의 민주주의와 인권 상황이 고립된다는 것을 의미합니다. 1962년, 미얀마에 첫 쿠데타가 일어나 군부 정권이 들어선 이래, 3번에 걸쳐 군사 쿠데타가 일어났습니다. 그 과정에서 군부 정권에 대해 끈질기고 위대한 항거는 미얀마 시민이 갖고 있는 민주적 잠재력을 대내외에 증명해왔습니다. 물론 미얀마에 내재 되어 있는 숱한 문제는 간단하지 않습니다. 그 뿌리에는 영국 제국주의와 일본 제국주의가 저지른 식민 지배체제의 잘못들이 자리하고 있는 것 또한 사실입니다. 그래서 더욱 미얀마에는 시민들의 힘으로 세운 제대로 된 민주 정부가 필요합니다. 그래야 비틀린 미얀마 역사를 바로 세울 전기를 마련할 수 있을 것입니다. 시민들의 희생적인 투쟁은 미얀마가 동남아시아의 빛나는 보석이 되기에 충분하다는 것을 증명하고 있습니다.

19.

지금 우리가 살고 있는 집에는 무슨 일이 벌어지고 있습니까?

새해가 밝았지만 코로나 바이러스가 여전히 우리의 삶을 규정하고 있습니다. 다만 올 하반기쯤에는 코로나로부터 해방되어 잃어버린 일상을 되찾을 수 있지 않을까 조심스레 기대를 해봅니다. 그러면 예배도, 공동체 활동도 풀리지 않을까요. 지난 1년간의 제한된 삶을 뒤로 할 수 있다니! 생각만 해도 꿈만 같습니다. 코로나 상황은 우리에게 큰 두려움과 불편함을 안겨주었습니다. 하지만 동시에 우리의 삶을 근원적으로 돌아보는 계기도 만들어 주었습니다. '바이러스의 공격이 인간의 환경파괴 때문이라면 우리의 활동과 모든 노력의 목적은 무엇인가? 지구 환경으로부터 자원을 가져오기만 했는데 지구는 인간에게 무엇을 요구하는가?' 이는 근원적인 삶의 문제이면서 신앙적인 답을 요구하는 질문들입니다.

여기에서 죄의 문제를 생각해 봅니다. 인간이 갖는 죄의 인식은 양심에서부터, 그리고 윤리적이고 도덕적인 차원에서 시작합니다. 그러나 인간은 현실에 부딪치며 살아갈수록 죄의 문제를 법적인 것으로 한정지으려고 합니다. 죄의 본질을 영적인 차원에서 자각한다는 것은 언감생심, 생각조차 못하기 십상이지요. 하지만 죄의 현상에는 언제나 하나님과의 관계 단절과 인간의 욕망이 함께해 왔습니다. 지구의 땅과 물과 공기와 생명을 오염시키고 파괴하는 모습을 보십시오. 이러한 것들을 이제 분명하게 죄라고 불러야 하지 않을까요? 하나님은 땅의 흙으로 인간을 만드셨습니다. 우리는 지구의 성분들로 이루어져 있으며 지구의 공기를 마시며 물로 생기를 얻고 있습니다. 그런데 우리는 우리 자신의 토대를 남용하고 해를 입히고 있습니다. 이 죄를 보아야 창조주 하나님을 향해 '생태적 회개'를 할 수 있을 것입니다.

몇 년 전만 해도 지구의 위기를 '온난화'로 표현했습니다. 그런데 이제는 급격하게 변화하는 지구환경을 기후변화, 기후위기, 기후재앙, 기후난민, 기후붕괴라는 단어까지 사용해 설명합니다. 그럼에도 교회는 여전히 이를 신앙의 중심 문제로 여기지를 않습니다. 그 바탕에는 견고한 인간중심의 구원론과 축복론이 자리하고 있습니다. 우리에게는 이를 뛰어넘어 모든 피조물을 아우르는 아버지 하나님의 은총과 우리 공동의 집을 볼 수 있는 눈이 절실합니다.

여기에 대한 맞춤한 생태신앙 가이드가 있습니다. 통합생태론, 생태영성 교과서라고 부를만한 책입니다. 개신교 신앙지침서가 아니라 가톨릭 교황회칙이라는 아쉬움이 있지만, 곁에 두고 거듭해서 읽고 행동할 만한 지침서입니다. 바로 프란치스코 교황 회칙서인 『찬미받으소서』입니다. 2015년에 발간되어 쇄를 거듭하고 있는 책입니다.

이 책은 모두 6장 246항에 걸쳐 환경 문제를 신앙의 관점에서 성찰하고 있습니다. 교황은 이 회칙에서 기술 만능주의와 인간 중심주의가 생태위기의 근본 원인임을 비판하면서 다양한 차원의 대화와 생태 교육이 이를 극복할 수 있는 길이라고 말합니다. 『찬미받으소서』는 내용이 친근하고 평이합니다. 그리고 깊습니다. 『찬미받으소서』는 관계로부터 출발합니다. 인간이 하나님과 맺은 관계, 자신과 맺은 관계, 타인과 맺은 관계, 피조물과 맺은 관계, 이 관계를 온전하게 보여주는 패러다임이 바로 생태학이라고 합니다.

특히 교황은 아시시의 성 프란치스코가 가난한 사람들을 돌보며 자연을 보호하고, 사랑했던 모습에서 수학과 생물학과 경제적 계산을 뛰어넘는 통합 생태론의 모범을 발견하였다고 말합니다. 성 프란치스코가 보여준 자연을 보호하는 것과 가난한 이들을 위한 정의와 사회적 헌신과 내적 평화 사이의 불가분의 유대, 이것이 『찬미받으소서』에서 말하는 통합생태론이면서 생태영성의 뿌리입니다. 세상의 모든 것이 연결되었다는 확신과 모든 피조물의 고유한 가치와 생태계의 인간적 의미는 이 책에서 반복되며 강조되는 개념들입니다.

우리도 아무리 하찮은 피조물이라도 형제나 누이로 불렀던 프란치스코의 영성을 이어받을 수 있을까요? 그리하여 기후재앙을 극복할 희망을 일구는 사람이 될 수 있을까요? 『찬미받으소서』는 프란치스코의 '피조물의 찬가' 후렴구에서 따온 말입니다. 〈찬송가 69장〉으로도 수록되어있는 이 찬송을 날마다 같이 부를 수 있다면 참 좋겠습니다.

부록

이광섭 목사를 말한다

김진호/ 신경하/ 김기택/ 김영헌
김종훈/ 구자경/ 유성준/ 이정숙
이후정/ 최종호/ 이현식/ 강연희
김학중/ 이인선/ 유미호/ 신동훈

세상의 아픔을 치유하는 통증 솔루션

김진호(전 기독교대한감리회 감독회장)

목사는 평생 설교를 하는 사람이지만 동시에 평생 글을 쓰는 사람입니다. 목사의 대표적인 글쓰기는 설교문입니다. 물론 그 외에도 다양한 형태의 글쓰기를 하며 목사직을 수행합니다. 그러다 보니 목사에게 글을 쓰는 것은 상당한 짐이 되기도 합니다. 그 결과 관성적이고 정형화된 글쓰기에 머물 수 있습니다. 이광섭 목사님도 글쓰기에 무거움을 느끼는 목사일 것입니다. 그러나 그의 글에는 남다른 데가 있습니다. 관성적이거나 성급하고 뻔한 결론을 이야기하지 않습니다. 그만큼 그의 글은 깊은 고민과 영적 씨름의 결과를 담고 있습니다. 이 목사님이 그동안 틈틈이 여러 매체에 발표했던 글을 모아 칼럼집을 냅니다.

이 목사님은 그의 글을 '교회'라는 키워드를 가지고 3부로 나누었습니다. 이 키워드를 보면서 그의 글 속에서 거듭 강조하는 것이 '교회'임을 발견합니다. 그는 칼럼집을 통해 온갖 고통 가운데 있는 사람들이 교회를 향해 '두려움을 내어쫓는 진정한 사랑의 능력'(요일 4:18)을 갈망하는 것을 보자고 말합니다. 이 책에 실린 짧은 글들은 한결같이 이 세상의 아픔을 해소하는 통증 솔루션으로서 교회를 말하고 있습니다. 참 감사하고 흥미로운 일입니다. 이 책을 읽는 사람마다 한국교회가 세상과 어떻게 소통해야 할지, 진정한 생명의 복음을 제시하는 길이 무엇인지 함께 고민할 수 있기를 기대합니다.

한국교회 희망의 마중물

신경하(전 기독교대한감리회 감독회장)

우리 시대 특징 중 하나로 '노시보 효과'(nocebo effect)를 들 수 있습니다. '상처를 입을 것이다'라는 뜻을 지닌 라틴어인데, 부작용에 대한 염려 때문에 실제로 부정적인 결과를 낳는 경우를 말합니다. 흔히 말하는 플라시보 효과와 반대개념입니다. 요즘 교회 안에도 부정적인 전망으로 가득합니다. 믿음과 희망을 전해 온 교회가 크게 위축된 것은 미래에 대한 자신감과 자존감의 부족 때문일 것입니다. 이러한 때 희망에 대한 의지와 지혜로운 처방으로 가득한 이광섭 목사님의 칼럼집이 참 고맙습니다. 평소 선한 마음과 영적 예지를 지닌 이 목사님답다는 생각이 들었습니다. 바라기는 이 목사님의 뜻이 두루 공감과 동의를 불러오기를 소망합니다. 그리하여 한국교회가 다시 희망의 징조로 우뚝 서기를 기대해 봅니다.

맛있게 읽고 멋있게 응답하시기를

김기택(전 서울연회 감독)

오랫동안 지켜봐 온 이광섭 목사님이 두 번째 칼럼집을 냅니다. 몇 년 전에 처음 칼럼집을 낼 때『나는 희망 쏘는 목사』라는 흥미로운 제목을 달고 그의 목회와 삶의 이야기를 진솔하게 풀어냈었는데, 이번 칼럼집 제목을『응답하라, 한국교회』로 잡았답니다. 예사롭지 않습니다. 하지만 제목과는 다르게 그의 글은 아주 평범합니다. 짧고 쉽게 읽힙니다. 그런데 맛이 있습니다. 글마다 생각할 거리가 하나씩은 있으니 글쓴이의 노고가 깊이 느껴집니다.

이광섭 목사님이 목회하는 것을 보면 그는 복음적이고 보수적입니다. 그런데 웨슬리의 신앙을 생활 속에서 실현하기를 열망하는 그의 열정을 보면 천상 감리교 목사이며 '하나님의 새로운 사회'인 〈교회〉에 대한 애정이 남다른 것을 느낍니다. 이 칼럼집은 어찌 보면 하나님 나라를 향해 한걸음, 또 한걸음 내딛는 그의 신앙, 그의 목회의 여정을 잘 보여주는 생활신앙 고백이라고 생각합니다. 그 발걸음의 마지막이 하나님 나라를 더욱 선명하게 보여줄 수 있다면 이보다 더 좋은 일이 있을까요? 그 희망의 발걸음을 이렇게 여러 독자와 나눌 수 있게 된 것을 축하하면서 이광섭 목사님의 칼럼집『응답하라, 한국교회』를 추천합니다.

목회 현장과 교회의 미래를 정성으로 연결한 책

김영헌(전 서울연회 감독)

평소에 특별한 인연으로 가까워진 이광섭 목사이기에 그가 쓴 이 책의 원고를 친근감 있게 읽었습니다. 천상 목회자의 성품을 지닌 저자답게 목회 현장에서 일어나는 일화들을 진솔하게 써 내려간 글들이어서, 남의 이야기가 아닌 나의 이야기여서 목회자나 교인들이 쉽게 공감하고 흥미를 갖고 재미있게 읽겠다 싶었습니다. 그런데 뒤로 갈수록 그의 글은 라우센부쉬(Walter Rauschenbusch, 1861-1918)의 사회복음(Social Gospel)을 떠오르게 합니다. 라우센부쉬는 인간의 존재는 근본적으로 사회적이기에 교회는 집단적 회개를 통한 사회구원을 선포해야 한다고 주장했습니다.

기독교는 히브리 예언자들의 하나님의 의의 개념과 예수님의 하나님 나라 실현에 대한 비전을 제시하는 메시지를 선포하고 빛의 사명을 강조하였지요. 물론 찬반의 토론이 지금까지 이어지지만 분명한 것은 사회의 구조악에 대해 교회는 침묵하면 안 되며 구약의 예언자들처럼 하나님의 의가 실현되는 사회, 예수님이 사역의 중심으로 삼았던 하늘나라의 실현을 위한 빛의 사명(사회구원)이 있음을 잊어서는 안 된다는 사실입니다. 저자는 오늘의 시대를 이끌어 가는 교회들이 지녀야 할 많은 과제를 글의 과제로 삼습니다. 환경과 생명 운동의 방향이나 미래 사회를 위한 교회의 패러다임 전환문제나, 교회 제도에 대한 자신의 비전과 의견을 서슴없이 토의 제목으로 다루고 있습니다. 물론 저자의 의견에 대한 찬반 토론은 이어지겠지만 팬데믹을 경험한 세대의 교회 지도자들은 함께 고민하며 다루어야 할 과제들이기에 꼭 한번 일독하기를 권면합니다. 현실에 안주하지 않고 교회의 미래를 위해 고민하며 씨름하는 저자의 노력에 모두 함께 머리를 맞대고 씨름하기를 응원하면서 이 책을 추천합니다.

영양가 풍부한 칼럼집

김종훈(한국목회아카데미이사장, 전 서울연회 감독)

칼럼집 『응답하라, 한국교회』를 읽어가면서 특별하게 느낀 것이 있습니다. 이광섭 목사님이 평소에 다양한 상황들을 경험하면서 보통 사람들은 쉽게 듣지 못하고 놓쳐버리는 소리없는 소리(양심의 소리 자연의 소리 민중의 소리 역사의 소리 하나님의 소리)를 듣고 거기서 주제를 잡아 내용을 물 흐르듯이 이해하기 쉽게 전개해 놓은 것이 감동스러웠습니다. 이 목사님의 글을 읽는 내내 깨닫고 느끼면서 새로운 의미를 발견하는 기쁨이 가득했습니다. 영양가 만점의 칼럼집을 접했다는 마음에 감사함이 가득입니다.

이러한 글은 이광섭 목사님이 평소에 꾸준하게 연마해 온 폭넓은 지성(知性)과 예리한 통찰력(洞察力)과 목회자로서 경건의 훈련에서 나온 깊은 영성(靈性)이 뒷받침해 주었기에 가능했다고 생각합니다. 저자가 평소에 틈틈이 써놓은 칼럼 중에 67개를 선별하여 〈1부-교회, 목회와 영성, 2부-교회, 문화와 미래, 3부-교회, 삶과 환경〉이라는 주제로 구별해 놓은 것도 마음에 와닿습니다. 칼럼 하나하나가 우리의 의식을 새롭게 하는 귀한 글들입니다. 이광섭 목사님의 영양가 높고 풍성한 칼럼집을 감사한 마음으로 추천합니다.

한국교회, 믿음의 응답을 기대하며

구자경(창천교회 담임)

풋풋했던 젊은 시절, 척박한 첫 목회지에서 사역하던 시절부터 이광섭 목사님은 특별한 면모를 지니고 있었습니다. 진지하게 코앞에 당면한 문제를 풀어나가면서도 언제나 더 멀리, 그리고 큰 틀 안에서 문제를 보면서 고민하는 그 자세가 남달랐습니다. 연륜을 쌓아가면서 그 모습은 깊이와 능력을 더해가고 있어서 그를 통해 하나님께서 이루실 역사에 기대를 품게 했습니다. 그는 온유하고 겸손하면서도 지치지 않는 열정을 가지고 한국교회가 당면한 시급한 과제들을 붙들고 고민하며 씨름하고 있습니다.

이번에 출판하게 되는 그의 책을 통해 그가 지금까지 열정을 불태우며 사랑했던 한국교회가 들어야 할 시대적 과제와 해법을 듣게 되어 얼마나 감사한지 모르겠습니다. 그의 글을 읽으며 우리 모두가 한국교회를 향한 주님의 음성 앞에 믿음의 응답을 결단할 수 있게 되기를 기대합니다.

전략과 실천의 매뉴얼

유성준(한국서번트리더십훈련원 대표/전 협성대학교 교수)

코로나19 이후 전환의 시대에 한국교회는 심각한 위기 가운데 처해 있습니다. 외적인 위기는 인구절벽, 고령화, 저출산, 양극화, 청년실업, 교회 신뢰도의 추락, 안티 기독교 세력의 확산, 소득 3만 불 시대의 물량화의 영향 등이고 내적으로는 영적 위기, 이원론적인 신앙생활, 교회 성장과 교인 관리만을 위한 프로그램들, 가나안 성도의 확산, 차세대 교육의 부재, 세속주의, 이단들의 도전, 교회 정치의 폐해, 무엇보다도 교회 리더들 특히 목회자 정체성의 위기 Identity Crisis 등을 들 수 있습니다.

이광섭 목사님의 『응답하라, 한국교회』는 교회의 위기에 대한 진솔한 대안들을 제시하고 있습니다. 이 목사님은 오랫동안 전농교회를 섬겨오며 철저한 영성을 바탕으로 하나님 사랑과 이웃 사랑을 공동체적으로 실천하여 왔습니다. 개교회 사역뿐 아니라 교회가 위치한 지역 사회를 위한 사역, 지역 교회들과 교단과의 연합 사역, 그리고 기후위기 시대에 녹색신앙을 핵심으로 교회의 사회적 책임에 응답하는 건강한 공동체로 세워왔습니다.

잠언 24장 6절에 '너는 전략으로 싸우라 승리는 지략의 많음에 있느니라'고 했습니다. 이 시대 한국교회는 문제에 대한 전략, 해결 방법, 실제적인 매뉴얼이 필요합니다. 그리고 신실성Integrity과 책임감Accountability 있는, 이 목사님 같은 전략과 실천력, 시대 정신이 있는 교회 리더들이 절실히 필요한 시대입니다. 교회의 공동체성과 공교회성, 그리고 공공성의 회복이 절실한 시대에 이 목사님의 통찰력 있는 저서 출간을 진심으로 축하하며 기쁨으로 추천합니다.

작은 것이 아름답다고 말하는 귀한 목사님

이정숙(기독교대한감리회 여선교회전국연합회 회장)

아름다움에는 여러 가지가 있습니다. 화려하고 완벽한 조화를 이루는 미술 작품들을 볼 때, 혹은 숨 막히도록 웅장한 대자연을 볼 때 우리는 아름답다고 합니다. 우리의 관심을 순간 집중시키고 눈길을 끄는 아름다움이 있는가 하면 또 다른 매력으로 다가오는 아름다움이 있습니다. 처음 순간에 달아오르는 감각이 아니라 천천히 물들어가며 오래도록 기억되는 아름다움 말입니다. 들판에 이름 없이 피어있는 들꽃과도 같은 무던함과 익숙한 듯 편안하고, 잔잔한 여운이 남는 그런 좋은 느낌처럼 말입니다.

이광섭 목사님의 글을 읽으며 그런 느낌을 받습니다. 오랜 목회 이야기를 글로 담아낸 그 속에 화려함보다는 소박함이, 거창함보다는 작은 것에 마음을 두는 목사님의 목회 철학이 녹아있음을 알 수 있습니다. 말씀이 성경책 안에만 담겨 있는 것이 아닌 우리의 일상 속에서 살아 역사하심을 전하는 듯합니다. 글 속에서 발견하게 되는 목사님의 생각과 신앙고백을 만나며 "정말 아름답구나"하고 고백하게 됩니다. 하나님의 정의와 평화를 몸소 담아내려 하시는 이광섭 목사님의 목회 여정 위에 주님의 축복하심이 가득하시길 기도합니다. 좋은 글로 마음을 따뜻하게 해주심에 감사드리며 이 글을 읽는 여러분께서도 같은 은혜를 나누기를 소망합니다.

지혜로운 경험과 통찰의 만남

이후정(감리교신학대학교 총장)

사랑하고 존경하는 후배 목회자인 이광섭 목사님의 목회 수상집을 출판하게 되어 추천의 글을 부탁받고 기쁜 마음으로 생각을 정리해 보았습니다. 제가 알게 된 이광섭 목사님은 성품이 온화하고 품는 포용력을 지닌, 어떤 점에서 감리교 성격에 적절하다고 할 수 있는 분입니다. 목회자의 성격과 특성도 다양한데, 이 목사님의 스타일은 넓은 지평을 추구하면서 교회와 사회, 문화와 삶 전체에 관심을 가진 분이라는 생각을 가져왔습니다.

오늘 우리가 사는 시대는 참으로 복잡하고도 혼란스러운 시대입니다. 여기서 어떠한 목회자상을 품고 주님의 목장인 교회와 양떼를 섬기며 메시지를 전하는 사역을 감당해야 할지는 크나큰 도전이 된다고 믿습니다. 먼저 목회자는 예수 그리스도의 형상을 이뤄나가는 하나님 나라의 종이라고 하겠습니다. 이 영적인 차원에서 그는 끊임없이 부름 받은 사명이요, 계명인 하나님 사랑과 이웃 사랑을 최고의 목표와 이상으로 삼고 전진하고 있습니다. 거기서 비롯된 고뇌와 시련과 은혜와 해결들을 우리는 이 목사님의 글 속에서 먼저 대하게 됩니다.

하지만 또한 목회자에게는 이 세상의 빛과 소금이 되라는 계명을 통해 제자의 길에서 직면하는 삶이 주어집니다. 단지 교회 안의 성도들의 양육과 영적 지도에 그치지 않고 이 세계 속에서 다가오는 온갖 도전들을 예언자적인 역사의식을 가지고 응답해야 되겠기 때문입니다. 우리가 이 목사님의 글 속에서 한국사회의 문화와 미래에 대한 전망, 희망의 역학을 읽게 되는 이유가 여기에 있습니다. 교회와 사회의 관계, 넓게는 문화적 컨텍스트들 속에서 답하고 해결해 나가야될 이슈들을 위해 우리는 그의 지혜로운 경험과 통찰들을 만나게 되는 것입니다.

이 목사님은 이 시대의 총체적인 삶과 환경에서 우리가 경험하고 고민하는 하나님의 새로운 창조의 희망에 대해 우리와 나누고 있습니다. 과거의 어떤 시대와 달리 우리는 마지막 시대처럼 우리를 압박하는 이 지구촌 생존의 위기 속에 처해 있습니다. 따라서 교회와 하나님의 백성들이 어떻게 신앙의 양심에 입각한 정의, 평화의 사도들로서 하나님의 말씀과 지혜로 이를 대응하며 극복해 나가야 할지에 관해 우리는 함께 공감하게 될 것입니다. 그러는 동안에 우리가 함께 목사님의 이야기들 속에서 앞으로 나아가야 할 방향과 목표를 찾아보게 된다면 큰 조명과 기쁨과 위로가 선사될 것이 아닌가 생각해 보았습니다.

다시 한 번 이광섭 목사님의 목회수상의 귀한 글이 출판된 것을 축하드리면서, 많은 독자들에게 공감과 유익을 주는 풍성한 결실이 있기를 소망합니다. 진솔한 목회의 경험들을 함께 나누게 해준 이 목사님께 진심으로 감사드립니다.

달기도 쓰기도 아프기도한 칼럼집

최종호(광주교회 담임, 전 중앙연회 감독)

수십 년의 벗인 이광섭 목사가 목회 칼럼집을 낸다고 글을 보내왔습니다. 반가운 마음으로 순식간에 읽어보니 글이 달기도 하고 쓰기도 하고 아프기도 합니다. 육십 넘어 쓴 칼럼임에도 여전히 무디어지지 않는 날카로움이 있습니다. 그 글이 무뎌진 내 마음을 찔러서 아프고 쓰리게 합니다. 그럼에도 고맙기만 합니다. 오히려 앞으로도 그 마음이 변치 않고 이어지기를 소망합니다. 이광섭 목사님의 칼럼은 예리함 속에서도 성도들을 사랑하는 목회자의 마음이 가득한 글입니다. 참으로 귀한 마음입니다. 찔러 쪼개기만 한다면 치유는 없을 것입니다. 글을 한 꼭지 한 꼭지 읽을 때마다 쓴 뿌리를 도려낼 뿐 아니라 아픔도 치유하는 달달한 기쁨이 있습니다. 목사의 글 속에 배어있는 그 정신이 변치 않는다면 우리는 타락하지 않겠구나 하는 마음을 갖게 됩니다. 꼿꼿하지만 부드러운 모습으로 단물이 나게 하는 삶을 살아온 벗에게 고마운 마음을 전합니다. 이 글을 읽는 모든 이에게도 의로움과 은혜가 전해지기를 소원합니다.

생각과 말을 온 몸으로 살아내는 목자

이현식(진관교회 담임, 학교법인 배화학원 이사장)

오래전 어느 가정에 부임 심방을 갔더니 권사님께서 두꺼운 스크랩 파일 세 권을 꺼내 보이며 이것은 당신의 마음과 영혼을 상쾌하게 만드는 보물들이라고 이야기했습니다. 그것이 무엇이냐고 물었더니 전임 목사님께서 매주 주보에 실었던 목회 칼럼이랍니다. 당신은 솔직히 말해 그 목사님의 설교 말씀보다 주보의 칼럼들이 마음에 더 많이 와닿았다는 것입니다. 잠시 묘한 감정이 들면서 할 말을 잃었던 기억이 있습니다.

2011년 『나는 희망을 쏘는 목사』 이후, 12년 만에 다시 세상에 나온 저자의 『응답하라, 한국교회』라는 칼럼집을 읽으면서 오래전 그 권사님이 내게 했던 말이 백분 이해가 되었습니다. 평소 가까이에서 만나 이야기하면서 느꼈던 저자의 마음 따뜻한 이야기들이 한 권의 아름다운 책이 되었습니다. 놀라운 건 저자의 이야기가 책을 읽는 내내 나의 이야기로 다가왔다는 것입니다.

이 칼럼집은 목회와 삶의 현장에서 가졌던 수많은 질문에 대해 가슴을 적시는 감동과 다시 신발 끈을 매는 결단으로 나가게 합니다. 그리고 저자가 조각 조각 펼치며 노래한 이야기들은 하늘과 땅이 함께 노래하는 교향곡으로 마음 깊숙이 다가옵니다.

짧지 않은 분량의 책장을 덮으면서 저자인 이광섭 목사님은 생각과 말을 온몸으로 살아내는 목회자요, 보수와 진보 모두를 아우르는 균형 잡힌 신학자요, 이 시대의 절망의 터널에 갇힌 사람들에게 희망의 노래를 부르는 참 좋은 목자라는 생각이 들었습니다.

한국교회를 위해 고민하고 씨름하는 분들에게

강연희(MMTC 선교훈련원 원장)

선교사를 훈련하는 나에게 사람들은 가끔 묻습니다. "목사님은 누구를 존경하세요?" 그때마다 주저 없이 난 단 한 사람, 나의 아버지를 댑니다. 왜 나는 나의 아버지를 존경할까? 우리 아버지는 세상 사람 누구나 아는 유명한 분은 아닙니다. 그래도 사시면서 나름 업적을 남기셨습니다. 장로로서 많은 교회가 개척되고 건축되는 일에 귀하게 쓰임 받으셨고 수출을 많이 하셔서 국가로부터 산업 훈장을 받기도 하셨습니다. 하지만 이런 것들이 나를 아버지를 존경하는 자리로 이끌지는 않습니다. 내가 아버지를 존경하는 것은 오히려 번창하던 사업이 부도가 난 후의 모습입니다. 아버지는 변하지 않으셨습니다. 한결같은 신앙으로 그 힘든 자리를 묵묵히 버텨내셨습니다. 당신이 말씀하시는 것과 행동하시는 것이 괴리되지 않는 분이셨습니다. 본인이 늘 말씀하신 대로 삶의 위기가 왔을 때도 한결같이 행동하시며 자신의 믿음의 자리를 지키셨습니다.

오늘 한국 기독교 신앙의 위기가 무엇일까요. 이 '괴리'가 아닐까 생각합니다. 우리가 말하는 신앙의 내용과 행동이 다르기 때문입니다. MMTC에서 진행하는 MMS(움직이는 선교학교)를 통하여 이광섭 목사님을 만나면서, 또 그분의 글을 읽으면서 나는 또 한 분의 존경하는 분을 만나게 되었습니다. 아, 한국교회 안에도 이 '괴리'를 뛰어넘기 위하여 몸부림치는 분이 계시구나!

세계교회와 선교, 두 개의 큰 흐름이 에큐메니컬과 에반젤리컬입니다. 같은 하나님의 나라를 바라보지만 추구하는 방향이 달라, 다르게 오랫동안 걸어왔습니다. 그러다 보니 둘 사이에는 큰 '괴리'가 생겨났습다. 그런데 사실 하나님 나라의 완성을 위하여 어느 하나도 놓칠 수 없는 영역입니다. 이광섭 목사님의 삶은 지역 교회 안에서 그 둘의 걸음을 다 놓치지 않고 함께 사역으로 녹아내고 계셨지요. 지역 교회가 창조세계 회복을 위하여 실제적인 걸음을 걷고, 그러면서도 하나님 임재의 영성을 놓치지 않으려는 몸부림을 치열하게 하고 계셨습니다. 목사님의 사역과 글에서 그 '괴리'를 뛰어넘으려는 씨름과 실천을 보기에 나의 삶의 '존경의 리스트'에 그분의 이름을 올리며 같은 고민과 씨름을 하고 있는 사람들에게 이 책을 추천합니다.

진리를 갈망하는 큰 울림

김학중(꿈의교회 담임, 전 경기연회 감독)

세상에 있는 여러 인생을 분류해보면, 크게 두 종류로 나눌 수 있습니다. 첫째로, 인스턴트 라면 같은 인생이 있습니다. 그런 사람을 만나면, 금방 친해집니다. 또 처음에는 함께 하기만 해도 즐거움을 느낍니다. 그러나 먹을 때만 좋을 뿐 실질적인 영양가는 없는 라면처럼, 처음에는 즐겁지만 만남을 이어갈수록 공허함을 느낍니다. 그러다가 라면을 먹고 나면 더부룩하고 불편한 것처럼, 인스턴트 라면 같은 인생을 만나면 불편한 결과로 끝납니다.

둘째로, 쌀밥 같은 인생이 있습니다. 쌀밥은 처음에 먹으면 아무 맛도 나지 않거나 혹은 아주 조금의 고소함만 느껴집니다. 그러나 오래 씹으면 단맛이 나죠. 그리고 무엇보다 쌀밥은 우리 몸을 건강하게 합니다. 이처럼 쌀밥 같은 인생을 만나면, 처음에는 그냥 평범하다고 느낍니다. 그러나 여러 번 만나서 대화를 나눌수록, 그 사람이 '진국'이라는 느낌을 받게 되죠. 그리고 무엇보다, 쌀밥 같은 인생은 만날수록 나를 건강하게 하고, 나중을 기대하게 합니다.

우리에게도 저마다 인스턴트 라면 같은 인생과 쌀밥 같은 인생이 있습니다. 저도 마찬가지입니다. 그중에서 저에게 쌀밥 같은 인생을 묻는다면, 떠오르는 한 분이 바로 이광섭 목사님입니다. 왜냐하면 이 목사님은 처음 만날 때보다 두 번, 세 번, 여러 번 만날수록 더 좋아지는 분이었기 때문입니다. 그뿐 아니라 함께 대화할수록,

진리에 기초한 비판과 영혼에 대한 사랑이 담긴 통찰을 얻을 수 있어서, 대화하는 내내 저도 행복해지는 것을 느꼈기 때문입니다. 이러한 이광섭 목사님의 매력을 이제 책을 통해 많은 분과 나누게 되어서 매우 기쁩니다. 누구라도 이 책 안에 담긴 목사님의 글을 보시면 영혼을 향한 사랑이 느껴질 것입니다. 그리고 진리를 갈망하는 마음이 큰 울림을 줄 것을 확신합니다. 바라기는 이 책을 통해서 우리 안에 진리와 사랑을 향한 마음이 퍼지기를 기원합니다.

착함과 충성됨의 산물

이인선(열림교회 담임)

예수님께서 목회자의 길을 걷는 사람에게 주시는 사랑의 질문이 있다면 "네가 나를 사랑하느냐!"일 것입니다. 제가 삼십 년 훌쩍 넘는 세월을 지켜본 바로는 주님께서 "착하고 충성된 종아" 하면서 그의 이름을 불러주실 듯합니다. 기독교 영성(spirituality)은 궁극적인 실재이신 하나님을 만남으로써 하나님의 현존에 빠지는 생생하고 강력한 체험이며 변화라고 할 수 있습니다. 이광섭 목사님의 삶과 글을 마주하노라면, 그는 영성적 존재가 되기 위해 착하고 충성되게 분투하고 있음을 알게 됩니다. "영성은 하나님을 만난 흔적"이라고 표현한 그의 고백은 자신의 인생과 목회를 그답게 표현한 것이 아닐까 싶습니다.

이광섭 목사님의 목회적 가치 중에서 하나님께서 만드신 "창조세계와 이웃"이 구원과 화해의 장이 되기를 지향함은 "하나님의 뜻"이 이 땅에 이루어짐에 대한 본질적 의미라고 생각합니다. "나의 주님, 찬양받으소서! 우리의 형제자매 된 해와 달과 별, 바람과 물과 대지와 온갖 과일과 꽃과 풀들로부터 찬양받으소서!"라고 노래한 아시시의 프란시스(Francis of Assisi)처럼 이광섭 목사님은 사람과 온 우주 만물을 사랑하시는 하나님께 착한 사람이 되어, 주께서 창조하신 세상을 돌보고 보존하기 위해 충성을 다한 삶을 살고 있습니다.

모조록 그의 착함과 충성됨이 담겨 있는 이 책을 그처럼 하나님께 "착하고 충성" 되기를 희망하는 분들이 읽게 되기를 바랍니다. 탐독 중에 "내가 주를 사랑하는 줄 주님이 아십니다"라고 겸허히 답하는 이광섭 목사님의 대답을 발견하게 되기를 기원합니다.

녹색 교회, 녹색신앙의 기수

유미호(기독교환경교육센터 살림 센터장)

시방 우리는 기후위기의 두려움 속에 있습니다. 지난 3년간 경험한 코로나19와 기후재난으로도 인간의 욕심은 수그러들 기미가 보이지 않고 이 재난 속에서 신앙의 위기를 말하며 실천을 해보지만 변화는 여전히 더디기만 합니다. 그래도 무언가를 할 수 있는 것은 날마다 새 일을 행하사는 주님이 계시기 때문입니다. 제가 33년 동안 녹색 생태 신앙의 길을 여태 이어올 수 있었던 것은 든든한 지지자들이 있었기 때문입니다. 그 든든한 지지자가 바로 이광섭 목사님입니다.

이 목사님은 〈기독교환경교육센터 살림〉이 한국교회와 신음하는 지구 이웃 앞에 힘껏 일할 수 있도록 힘을 보태주셨습니다. 목사님은 전농감리교회 성도들과 함께 하나님께 받은 창조의 은총을 기억하면서 녹색신앙을 실행하는 데 늘 앞장서 왔습니다. '탄소제로 녹색 교회 실천행동', '탄소금식', '환경선교사 양성', '탄소제로 만보 걷기' 등의 실천을 늘 지지해 주셨습니다. 그저 감사할 뿐입니다.

바라기는 한국교회와 모든 성도가 이 책을 읽고, "나의 지구를 부탁"하시는 주님의 요청에 응답하게 되길 소망합니다. 모두 하나님의 자녀로서 고통받는 지구의 소리에 반응하고, "참으로 좋았다"고 하신 창조의 때를 기억하게 되었으면 좋겠습니다. 그리하여 온 세상 만물과 함께 사랑과 기쁨의 찬양을 날마다 부르며 살게 되길 기도합니다.

순박, 소탈, 진중, 예리한 선배님

신동훈(꿈의교회 담임)

이광섭 목사님을 떠올리면 순박하고 소탈한 미소에 마음이 놓입니다. 그러나 대화를 나누다 보면, 진중하면서도 예리한 모습에 정신이 번뜩 납니다. 이번에 출판하신 두 번째 칼럼집 『응답하라, 한국교회』는 그런 성품을 꼭 빼닮았습니다. 이 책을 통해, 한 영혼을 품는 진실한 마음, 한국교회를 향한 고민과 사랑, 문화와 자연을 담아내는 그의 이야기가 가벼운 듯 묵직하게 다가옵니다. 책장을 넘기다 '똥 이야기 좀 할게요!'라는 글이 시선을 사로잡았습니다. 군대에서 얼어붙은 똥 탑을 부순 일, 목회지에서 똥을 퍼 나르던 일 등의 구수한 에피소드가 담겨 있습니다. 이 일화는 우리가 더럽게만 생각했던 똥이 생명을 창조하는 하나님의 질서였음을 발견하는 것으로 결론이 납니다. 똥 이야기를 이토록 재미있게, 그러나 아련하게, 그러면서도 신앙적으로 풀어내는 혜안에 무릎을 탁! 칠 수밖에 없었습니다. 이 책에는 이런 맛깔나고, 통찰력 있는 이야기가 67개나 꼭꼭 담겨 있습니다. 하나님과 교회, 이웃과 세상을 향하여 한 걸음 더 다가서고 싶은 분들에게 이 책을 추천합니다.

하나님 나라의 미래를 여는 신앙칼럼
응답하라, 한국교회

2023년 7월 10일(초판1쇄)

지은이 이광섭

펴낸이 최병천

펴낸곳 신앙과지성사
출판등록 제9-136 (88. 1. 13)
주소 | 서울시 서대문구 연희로 177 옥산빌딩 2층
전화 | 335-6579 · 323-9867 · (F) 323-9866
E-mail | miral87@hanmail.net
홈페이지 | http://www.miral.co.kr

ISBN 978-89-6907-316-7 03230

값 15,000원